教育量化研究方法系列丛书

丛书主编　杨向东

教育统计入门

陈伟运——编著

华东师范大学出版社
·上海·

图书在版编目(CIP)数据

教育统计入门/陈伟运编著. —上海:华东师范大学出版社,2021

(教育量化研究方法系列丛书)

ISBN 978 - 7 - 5760 - 1180 - 7

Ⅰ.①教⋯　Ⅱ.①陈⋯　Ⅲ.①教育统计－统计学　Ⅳ.①G40 - 051

中国版本图书馆 CIP 数据核字(2021)第 039689 号

教育统计入门

编　　著	陈伟运
责任编辑	范美琳
审读编辑	胡结梅
责任校对	林文君　时东明
装帧设计	俞　越

出版发行	华东师范大学出版社
社　　址	上海市中山北路 3663 号　邮编 200062
网　　址	www.ecnupress.com.cn
电　　话	021 - 60821666　行政传真 021 - 62572105
客服电话	021 - 62865537　门市(邮购)电话 021 - 62869887
地　　址	上海市中山北路 3663 号华东师范大学校内先锋路口
网　　店	http://hdsdcbs.tmall.com

印 刷 者	浙江临安曙光印务有限公司
开　　本	787 毫米×1092 毫米　1/16
印　　张	13.5
字　　数	155 千字
版　　次	2021 年 5 月第 1 版
印　　次	2023 年 7 月第 2 次
书　　号	ISBN 978 - 7 - 5760 - 1180 - 7
定　　价	49.00 元

出 版 人　王　焰

┃ 总 序 ┃

美国学生的数学基础差，似乎是一件大家都知晓的事情，甚至连美国研究生入学资格考试(Graduate Record Examination，简称 GRE)的数学，也才相当于我国初中二三年级的知识水平。记得当年在美国读博士的时候，我选修了一门结构方程建模的课程。授课老师在一次课上问大家 15×15 等于多少，全场鸦雀无声，有人就开始翻找计算器，这时我脱口而出说答案是 225，结果包括授课老师在内的所有人都盯着我，好像我完成了一件不可思议的事情一样。这样想来，我国学生量化研究方法应该学得比较好才对，因为我们有比较好的数理基础。事实上，我周围的美国研究生同学量化研究方法也都掌握得非常好。即便不是攻读量化方法专业的同学①，也都能够熟练地运用各种复杂的数据分析方法和测量技术，开展科学严谨的学术研究。相比之下，我在给国内一年级研究生开设"教育统计基础"这门课的时候，虽然很多学生说他们之前就学过这门课程，但还跑来听，是因为感觉当时只是学了一大堆概念和术语。虽然也接触过软件，分析过数据，但并不知道为什么要这样做，也不明白应该在什么情况下使用。等到真正做研究的时候，发现自己还是不明所以，不知所措。

这种情况让我反思了很长时间——究竟是什么原因导致了这种差异？我个人体会这种差异主要有以下两方面原因。

首先，不管是教材还是教学方法，都需要更注重让学生理解和运用

---

① 攻读量化方法专业的美国学生数理基础其实并不比中国学生差，在理解深度和灵活运用程度上甚至还更好。

研究方法,而不是集中在机械的书面知识或数学推导方面。更多的时候,要让学生有机会结合具体的、实质性的科研问题,熟悉和掌握科学研究的逻辑、思维和规范,学会如何灵活地利用研究方法"做"科研,解决在科研过程中遇到的各种实际问题。事实上,仅仅"知道"研究流程,或者"弄懂"统计方法背后的数学原理,并不能转化为学生实际的科研能力。对大多数非量化方法专业的学生来说,完全可以利用专门的统计软件解决"计算"的问题。要想真正让学生从研究方法课上受益,需要通过合理的教学方法,让他们能够对各种研究问题和方法背后的意义达到真正的理解,而真正的理解便是探究事实意义的结果。"掌握一个事物、事件或场景的意义,就是要观察它与其他事物的联系:观察它的运作方式和功能、产生的结果和原因以及如何应用。而那些我们称之为'无意义的事情',是因为我们没有领悟到它们之间的联系。"[①]虽然掌握研究方法的知识或相关技能也是必要的,但是仅仅如此还不够。真正的理解意味着可迁移能力。它"包括搞清楚哪些知识和技能与当前问题有关,以及如何运用已有知识去处理当前面临的挑战"。[②]

其次,很多人一谈到量化研究方法课,好像就是要学习统计方法。统计方法固然是教育量化研究方法中的重要构成,但并不是教育量化研究方法的全部。总的来讲,教育或心理领域中的量化研究方法大致可以分为研究设计(research design)、统计方法(statistical method)、测量理论(measurement theory)和教育评价(educational evaluation)四个分支,

---

① [美]约翰·杜威. 我们怎样思维·经验与教育[M]. 姜文闵,译. 北京:人民教育出版社,2005:118.
② [美]格兰特·维金斯,杰伊·麦克泰格. 追求理解的教学设计(第二版)[M]. 闫寒冰,宋雪莲,赖平,译. 上海:华东师范大学出版社,2017:44.

其中：

（1）研究设计主要涉及实验或准实验设计、单一被试研究、观察研究等不同研究类型的概念、逻辑与规范等。不同研究类型不仅在其所能揭示和回答的研究问题上有所差异，在具体设计和实施的方法上也各有不同。

（2）统计方法虽然是大家相对熟悉的，但随着该领域的快速发展，它已经从传统的几门课（描述统计、假设检验和回归分析）变成一个庞大的体系。随着研究主题复杂性的增加，结构方程建模、多水平模型、纵向数据分析以及缺失数据处理等统计方法和技术日益得到广泛应用，并成为教育领域开展研究不可或缺的必要基础。

（3）与统计方法有所不同，测量理论旨在通过一系列的原则和方法，建立教育研究所关心的重要变量或属性的测量尺度，并依据该尺度描述和分析不同研究对象、个体或群体在这些变量或属性上的表现特征、发展水平和变化趋势。从经典测量理论、概化理论到现代测量理论（项目反应理论、认知诊断理论），测量理论在基本假设、理论体系和研究范式上都发生了深刻的变化。[1] 现代测验编制理论，如循证测验设计模式（evidence-centered assessment design）等，不仅提供了整合教育中的实质理论、测验设计和测量模型的框架基础，也将社会文化观、现代信息技术等纳入到一个系统的理论体系中来。[2]

---

[1] R. L. Brennan. *Educational Measurement* (*4th edition*)［M］. sponsored jointly by National Council on Measurement in Education and American Council on Education. Westport, CONN: Praeger Publishers, 2006.

[2] R. J. Mislevy. *Sociocognitive Foundations of Educational Measurement* ［M］. New York, NY: Routledge, 2018.

（4）在我国，教育评价常常被误解为等同于测量理论和教育测评，其实，它代表了一个非常活跃但有着不同研究范式的领域。与测量理论相比，教育评价更像是上述三个方法分支的整合。针对教育领域中的各种项目、机构和政策进行的评价，需要根据特定的问题和需求展开，综合采用质性或量化的各种研究设计，测量各种关键变量或属性，收集相应的资料或数据，根据问题或功能确定合适的统计方法，以期达到对评价对象价值和优点的系统考察。[①] 研究设计、统计方法、测量理论和教育评价四个分支既自成体系，可以细分为不同的课程，又彼此交叉，相互补充。从这个角度来审视我们既有的研究方法课程，还存在很多有待改进和完善的地方。

有鉴于此，自 2016 年伊始，华东师范大学教育学部由我牵头组建了教师团队，在借鉴国际高水平研究型大学相关课程设置的基础上，构建系统的教育量化研究方法课程体系。在此基础上，改革教学方式，遵循教育问题量化研究的实践逻辑，借助于问题讨论、案例分析、实践操作、文献研读等方式，让学生在了解和熟悉各种研究设计的基本原理及其应用的同时，能够运用量化研究思维、方法和技术进行具体教育问题的设计和实施。此外，还要求学生阅读包含量化研究方法的学术文献，学会量化研究科研论文的写作规范，以期能够满足教育领域或人文社科领域研究生的实际需求。作为课程设计的组成部分，我们组织编写了这套教育量化研究方法系列丛书。

本系列丛书第一辑包括 8 本，每本总字数控制在 10 万字左右，主题

---

① Joint Committee on Standards for Educational Evaluation. *Standards for Evaluations of Educational Programs, Projects, and Materials*[M]. New York, NY: McGraw-Hill, 1981.

涉及研究设计、数据统计、测量方法和科研论文写作等内容。丛书作者大都是华东师范大学教育学部的中青年学者,他们或接受过系统的量化研究训练,或在该领域从事过多年的研究工作,具有精湛的专业水准和实践经验。为了更好地实现设计初衷,丛书在编写原则上,强调突出思想方法的渗透和实际问题解决能力的培养,要求深入浅出、通俗易懂,围绕学生开展实际科研时的逻辑、任务和问题展开,避免知识的灌输和罗列。在专题内容的组织和编排方式上,以案例分析为主,每本书精选若干个研究案例,通过案例(或问题)的分析,按照螺旋上升的方式呈现相关内容,实现由浅入深、循序渐进的编排意图。案例(或问题)的选择尽量兼顾不同专业学生的情况和需求,兼顾具体案例分析和所涉及的研究方法逻辑与规范的呈现。同时,提供若干结构化的拓展案例或文献,以便学生阅读和比较,形成更好的理解。

本系列丛书适合教育、心理及其他社会科学领域的大学生、研究生,以及对教育量化研究方法感兴趣的研究人员与实践工作者阅读和使用。我们希望这套丛书能够引导大家走进量化研究的世界,促进我国教育研究范式的转型,助力我国教育实证研究规范程度和质量水平的提升。

杨向东

2020 年 5 月 28 日

前 言

本书基于华东师范大学的一门课程写成。这门课程始于 2016 年,主要面向一年级的硕士研究生讲授基本的量化研究方法,由一系列的专题构成。由于学科背景差异较大,学生对基本统计原理的理解也深浅不一,为了能让学生有效地参与后续课程的学习,需要编写一本小册子,为他们提供一个共同的"统计起点"。因此这本小册子的数学内容不宜过多,篇幅不能太长,但需要讲清楚基本的统计概念,为后面高级量化研究方法的学习打下必要的统计基础。综合以上因素,本书总体上采取了问题驱动的方式,通过一系列小的问题穿插介绍统计概念。

全书围绕假设检验原理及其应用展开,共三章。第 1 章介绍总体及其特征的描述方法;第 2 章是本书的重点,介绍随机抽样、抽样分布、中心极限定理、t 分布、区间估计和假设检验、最小样本量的确定等方面的内容和原理,回答如何根据样本推断总体特征的问题;第 3 章主要结合实际研究案例,介绍假设检验的具体应用,包括单样本 t 检验、独立样本 t 检验和配对样本 t 检验、比例检验、相关系数检验等内容,其中比例检验和相关系数检验可视为第 2 章假设检验逻辑的进一步扩展,考虑到后续课程学习的连贯性,在介绍相关系数检验的基础上,第 3 章还简单介绍了决定系数和偏相关的内容。

在介绍基本统计原理的基础上,本书着重介绍了与之相关的 SPSS 操作步骤,并提供全部示例的源数据,供读者练习之用。数据下载网址:have. ecnupress. com. cn。示例和数据一般取材于教育研究领域,第 3 章中的大部分案例的数据均有实际的研究背景,一些数据根据相关文献的结果模拟生成。书中大部分结果通过 IBM SPSS 19.0 软件计算得到,少量图形和结果使用统计软件 R 完成,读者在使用其他版本的 SPSS 和 R 复现本书结果时,可能会出现一些不一致的地方。

本书的写作过程得到了华东师范大学教育学部领导和很多老师的大力支持,在此对他们表示衷心的感谢。由于作者水平有限,书中难免存在错误和疏漏之处,恳请同行和读者不吝批评和指正,也欢迎切磋探讨,作者邮箱: weiyun. chen@qq. com。

本书作者

目录

第1章　描述统计　　　　　　　　　　　　　　　　　1

　1.1　什么是总体　　　　　　　　　　　　　　　　3

　1.2　总体的特征　　　　　　　　　　　　　　　　4

第2章　统计推断　　　　　　　　　　　　　　　　47

　2.1　随机抽样　　　　　　　　　　　　　　　　49

　2.2　样本的均值和标准差　　　　　　　　　　　52

　2.3　抽样分布　　　　　　　　　　　　　　　　53

　2.4　中心极限定理　　　　　　　　　　　　　　55

　2.5　t 分布　　　　　　　　　　　　　　　　57

　2.6　总体参数的区间估计及其与假设检验的关系　58

　2.7　标准差未知时的区间估计和假设检验　　　　62

　2.8　关于"正态总体"假设的一个说明　　　　　67

　2.9　关于假设检验的几点说明　　　　　　　　　71

　2.10　为什么量化研究中样本量越大越好　　　　81

2.11　如何确定最小样本量　　　　　　　　85

2.12　几种常见的假设检验　　　　　　　　91

2.13　假设检验在相关性分析中的应用　　　125

第 3 章　实例分析　　　　　　　　　　127

3.1　单样本 t 检验示例　　　　　　　　　129

3.2　独立样本 t 检验和配对样本 t 检验示例　　138

3.3　假设检验逻辑的进一步推广：比例检验及其示例 150

3.4　相关系数检验示例　　　　　　　　　170

参考文献　　　　　　　　　　　　　　　202

第 1 章

描述统计

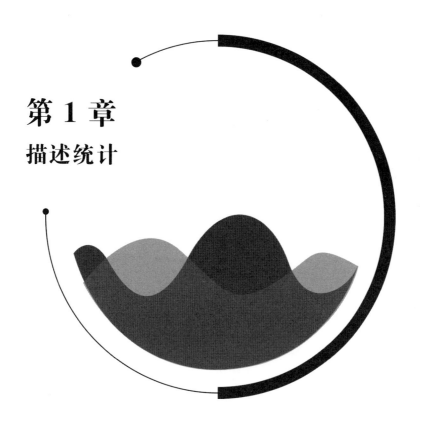

1.1　什么是总体

科学研究中,我们经常关心的问题是我们从少量数据中发现的现象或者得出的结论是否适用于更为一般的情形。比如:

- 随着生活水平的提高,小学生肥胖成为近年来教师和家长们日益关注的一个问题。假如你是一个小学老师,你发现最近几年班上的学生越来越胖了,你可能会思考现在的学生是不是普遍偏胖,亦或只是由于你收集到的数据太过于特殊导致你观察的现象仅仅是局部现象,而所在区域的整体水平其实还算正常。

- 又比如,近年来电子设备越来越广泛地应用于学校教学,这一方面提高了学生的学习效果,另一方面也增加了他们对电子产品的依赖性,因此可能会导致近视率的增加。你已经知道五年前三年级小学生的近视率为 7%,你想知道目前三年级小学生的近视率是否有所增长。

为了回答这样的问题,最直接的办法就是调查你所关心的问题涉及的所有对象,获取这些对象的相关数据。例如,如果你想知道上海市的小学生是不是比之前更胖了,那么最简单的办法就是收集所有上海市小学生的身高、体重数据,然后计算其身高体重比,以此来作为他们是否胖的一个指标;然后把这个指标与几年前的数据对比,就大致可以得出你所关心的问题的结论。这里你所关心的不再是你身边见到的少数几个学生的身高和体重,而是上海市所有小学生的身高、体重。通常,我们把研究者研究问题的有关对象的全体称为总体。例如,要研究某大学全体学生的学习情况,则该校的全体学生就是与研究问题对应的总体,每一个学生则是该总体中的一个个体。一般情况下,我们认为总体是一群人,但是其实它可以是任意一个群体——人、动物或者事物。例如,在一个关于汽车安全的研究中,总体可以是路上行驶的所有汽车;在上面关于小学生体重、身高的例子中,上海市小学生就是一个总体。尽管收集总体数据的做法往往非常复杂,甚至大多数情况下无法实现,但这的确是最直接的,也是大多数科学研究的出发点和落脚点。

再具体一点,总体中的个体存在各种各样的特征,我们往往不会对所有的特征都感兴趣。比如,每一个小学生有身高、体重、姓名、学号、籍贯、出生日期、智商、成绩等很多属性或者特征,但是如果我们的研究问题是学生的成绩,那么就可以把每个学生的成绩当作一个个体,事实上的总体就是所有学生的成绩,而非他们的体重或者其他特征。在小学生体重、身高的例子中,如果你想知道整个学校学生的体重、身高,就要获取学校每一个学生的身高和体重数据,所有这些学生的体重、身高数据就成了总体;在近视的例子中,如果你感兴趣的是整个城市小学三年级学生的近视率,就要获取全市的小学三年级学生的视力数据,这时全市(所有小学三年级)学生的视力数据就是总体。

1.2　总体的特征

一旦定义了总体,就会衍生出许多个体不存在的、总体才会有的特征。比如,在某大学所有学生构成的总体中,重修某门功课的总人数就是总体的一个特征,但是个体是不存在这个特征的。同时,将个体存在的一些属性或者特征不加改变地应用于总体也可能不太适合。比如,每个学生都有性别,但是作为一个总体,某大学的学生全体是没有性别的。虽然大学学生全体没有性别,但该总体天然存在一个"男生多一点还是女生多一点"的事实,该如何描述这个事实?于是,我们使用男女生性别比例这个指标作为该大学的性别状况的一个描述。又比如,每个学生都有成绩,但是作为一个总体,某大学的学生全体是没有我们在个体意义上所说的成绩的。于是,我们可以用平均成绩来表示某大学的成绩状况,当然我们也可以用"成绩排名刚好位于该校的中间"的那个学生的成绩来表示,似乎都合情合理。以上列举的"性别比例""平均成绩""成绩排名刚好位于该校的中间"都是对总体的某一个方面特征进行概括性描述,我们通常把对总体的这种概括性描述叫做总体的参数①。

总体参数可以有很多种。比如,"平均分数""男女比例"和"刚好位于中间的数",以及"大于 60 的人数所占比例"等。所有的这些参数都是为了描述总体的一些特征。那么,这些参数是否就足够描述任何总体? 毕竟我们只是举了几个例子,根据这些例子,我们说这就是总体的参数。其次,这些参数中有的看起来很简单,比如平均数;有的看起来很复杂,比如既然有"大于 60 的人数所占比例",那么自然也会有"小于 30 的人数比例",需要一一穷举吗? 如果要穷举,又该如何穷举? 有没有简单的表示方法? 最后,什么时候我们使用简单的方法对总体进行描述,什么时候使用复杂的方法? 有没有一种办法让我们通过简单的几个数就能把总体都说得足够清楚? 如果能,这里面暗含的假设和前提是什么?

1.2.1 分布

为了搞清楚这些问题,让我们回到小学生体重、身高的研究中,并假设我们已经拿到了总体的数据。根据我国标准,可以通过 BMI 指数判定每一个学生是否肥胖。一个人的 BMI 指数的计算方法很简单,用体重

---

① 在描述个体时,我们说性别、身高、体重都可以是个体的特征;在提到总体时,我们也说总体的参数就是对总体某一特征进行的概括性描述。这里在讲总体和个体时都提到了"特征",但含义会有些区别。区别在于:个体的特征是我们通常意义上的特征或者特点,比如长相、身高和性格等,是事物的一个属性;但是量化研究中,总体本质上是一些数,那么这些数字长什么样子,我们同样也需要使用一些"特征"对其进行描述。因此总体的特征其实就是一些数字的特征,比如这些数字中小于 60 的有多少个,它的平均值是多少。为了区别起见,我们把总体的特征的概括性描述(比如平均值)叫做总体的参数。

(公斤)除以身高(米)的平方即为该人的 BMI 指数。对于小学生而言，BMI 在 18.5～23.5 属于正常范围，小于 18.5 则偏瘦，24.0～27.9 属于偏胖类型，大于等于 28 则为肥胖(尽管针对小学生有专门的更为细致的标准，但这里我们不采用)。假设我们为了研究某地区学生的体重、身高的状态，拿到了该地区所有学生的身高和体重数据，并通过以上方法计算得到了每个学生的 BMI 指数。根据以上标准，我们得到了每个学生属于"偏瘦""正常""偏胖"和"肥胖"的对应类别，如图 1.1 所示(安装 SPSS 后，点击数据集"BMI.sav"文件，即可得到如图 1.1 所示的界面)。

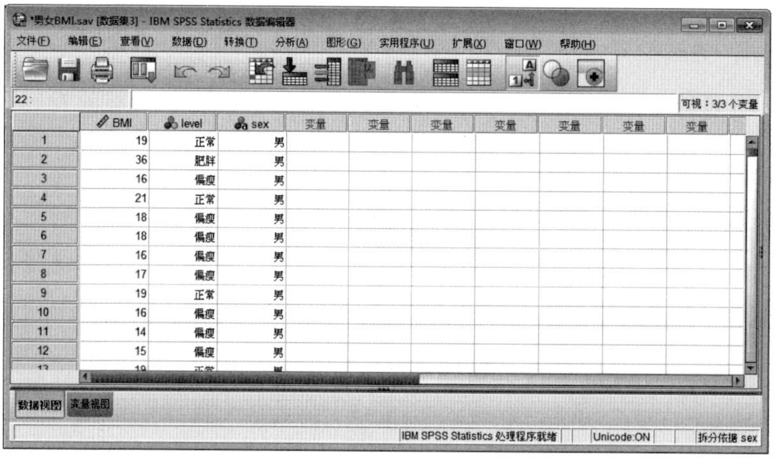

图 1.1

图 1.1 中的每一行代表一个学生，学生所在行的第一列为该学生的 BMI 指数，第二列为该学生的体质水平，分为"偏瘦""正常""偏胖"和"肥胖"四个类别。比如第一列表示该学生的 BMI 指数为 19，第二列表示体质水平属于"正常"类型。在我们所假设的研究中，我们对学生的体质水平感兴趣，非常自然地，我们可能首先想知道在所有学生中"偏瘦""正常""偏胖"和"肥胖"各有多少人，占多大比例。在 SPSS 中，通过点击图 1.2 所示的菜单，弹出如图 1.3 所示的频率统计窗口，并在图 1.3 中将

图 1.2

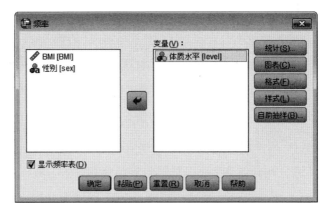

图 1.3

"体质水平(level)"选取到右边的变量窗口中,点击"确定"即可对各类别的人数进行统计。

一般在执行完某个操作并点击"确定"按钮之后,SPSS 会在另外一个专门的输出窗口给出结果。以上操作后,在 SPSS 的输出窗口给出的结果如图 1.4 所示。

这个结果告诉我们,总体中共有 13 657 个学生,所有的学生都有 BMI 值和体质水平,因此缺失值为 0;13 657 个学生当中,体重"偏瘦"的学生数为 7 902 个,"正常"的为 4 504 个,"偏胖"的为 1 023 个,"肥胖"的

统计

体质水平

个案数	有效	13657
	缺失	0

(a)

体质水平

		频率	百分比	有效百分比	累积百分比
有效	偏瘦	7902	57.9	57.9	57.9
	正常	4504	33.0	33.0	90.8
	偏胖	1023	7.5	7.5	98.3
	肥胖	228	1.7	1.7	100.0
	总计	13657	100.0	100.0	

(b)

图 1.4

为 228 个。同时,结果还告诉我们,体重"偏瘦"的学生占总人数的 57.9%,"正常"的学生占 33%,"偏胖"和"肥胖"的学生分别占 7.5% 和 1.7%(此处存在四舍五入,因此实际相加不为 100%)。

除了这些,图 1.4 所示的结果还告诉我们一个很重要的信息,体重为"正常"以及"偏瘦"的学生占到了总数的 90.8%,即 57.9%+33.0%(实际上通过(4 504+7 902)/13 657,得到的是 0.908 3,由于计算时存在四舍五入误差,因此我们看到的结果差 0.1%),该百分数叫做累积百分比。在我们的例子中,某个肥胖水平所对应的累积百分比可以通过该水平所占的百分比与它之前的各个水平所占的百分比求和得到,例如图 1.4 中偏胖这一个肥胖水平对应的累积百分比为 98.3%,表示该水平以及该水平以下的人数占到了总人数的 98.3%,通过对该水平所占百分比 7.5% 和之前的两个水平对应的百分比 57.9% 和 33.0% 求和得到。

累积百分比反映的是小于等于某一个水平的个体数所占总体的比例。例如,当我们描述某个国家的年龄结构时,可采用表 1.1 的方式。

表 1.1　某国家 2018 年人口结构

年龄段	百分比	累积百分比
20 岁以下	29.6%	29.6%
20—29 岁	13.6%	43.2%
30—39 岁	15.2%	58.4%
40—49 岁	14.8%	73.2%
50—59 岁	10.8%	84.0%
60—69 岁	6.6%	90.6%
70—79 岁	4.8%	95.4%
80 岁及以上	4.6%	100%

通过表 1.1 中的累积百分比,我们可以很方便地看到该国家中 40 岁以下的人口占总人口的 58.4%,60 岁以下的人口占总人口的 84%。同时,如果在我们只有累积百分比数据的情况下,我们还能据此还原每个类别的百分比,可见它们在"信息量"上是相等的,只不过出于反映不同的群体,才有了这两种不同的表示方法。

为了更直观地表示各个类别或者水平的个体数所占总体的比例,通常可以采用条形图将各个类别的百分比进行可视化。在图 1.3 中,点击"图表"按钮,在如图 1.5 的界面中选"条形图"并勾选"百分比"一项,即可在 SPSS 的输出窗口中得到图 1.6 中各个体质水平的学生所占百分比的条形图(barplot)。

图 1.5

图 1.6 中,使用体质水平可能取值的四个类别"偏瘦""正常""偏胖"和"肥胖"作为水平轴(横轴),用每个类别或者水平出现的百分比作为每个类别对应"条"的高度。这样的图形通常叫做概率分布图,它表示了总体中各个类别的数据所占的相对比例。同时,也告诉我们,如果随机地

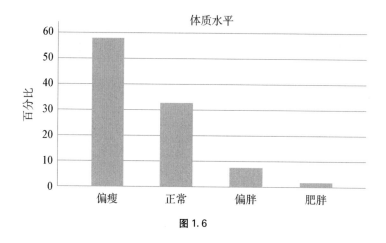

图 1.6

从图 1.6 的总体中挑选一个个体,其体质为"偏瘦"的可能性约为 58%,为"正常"的可能性约为 33%等。

为了美观,可以双击 SPSS 结果输出窗口中的条形图,对其进行修改。图 1.6 是经过对每个"条"的宽度进行"瘦身"之后的结果。

以上是将 BMI 按照一定的标准转化为"偏瘦""正常""偏胖"和"肥胖"四个类别之后,分别对各类别的人数以及百分比进行计算和可视化的方法。通过该方法我们知道了该小学生总体的体质水平的状态,利用这些数据,我们可以直接将该地区与其他地区或者国际标准中的小学生的体质水平进行比较,这样,我们就可以知道该地区小学生总体的体质水平与其他地区或者国际标准存在哪些差异。

1.2.2 使用光滑曲线近似实际总体分布

在我们的研究例子中,研究对象总体的体质水平除了可以用分类数据进行刻画,还可以直接使用 BMI 值进行刻画。BMI 值与仅有"偏瘦""正常""偏胖"和"肥胖"四个类别的体质水平相比,其取值可以为某个区间(比如 10 到 50 之间)的任何值。我们的数据集中作了四舍五入处理,因此为整数。借用前面类似的办法,将图 1.3 中的"体质水平"换为"BMI",

得到如图 1.7 所示的统计结果。

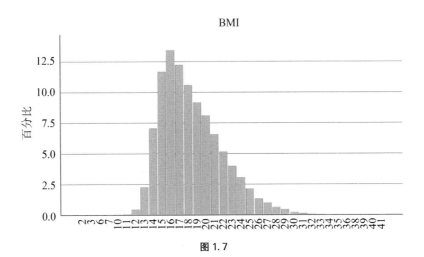

图 1.7

　　显然,图 1.6 和图 1.7 的逻辑是一样的,都表示了总体中某些值所占的百分比,因此图 1.7 也是一个分布。不同的是图 1.6 中横轴的坐标是离散的"类别",只能是"偏瘦""正常""偏胖"和"肥胖"四种,其他的就没有意义;而图 1.7 中横轴的坐标是连续的,本质上可以为某个正的区间的任何值,因此如果把这些条的顶点的中心依次连接起来,从而得到如图 1.8 所示的黑色曲线,每两个顶点中间的线段依然有意义,可以代表我们对其间非整数 BMI 百分比的估计值。因此,对于 BMI,如果使用图 1.8 中的曲线表示其百分比分布,其实比图 1.7 更为准确。因为它不仅准确地表达了图 1.7 中的信息,而且还估计了事实上可能存在、但是由于测量手段和四舍五入导致的没有反映在测量数据中的值的百分比,因而更能反映事物的本质。尤其重要的是,在很多时候图 1.8 中的光滑曲线在数学上可能存在比较简洁的表达式,因而更容易表示和计算(如果对这一点心存疑问,相信到本章末就会明白);反而是图 1.7 中的条形图,看似直观,但其实并没有反映总体的本质特征,而且数学描述也十分复杂。

　　基于这些原因,统计中经常使用一些连续的曲线去近似实际总体的

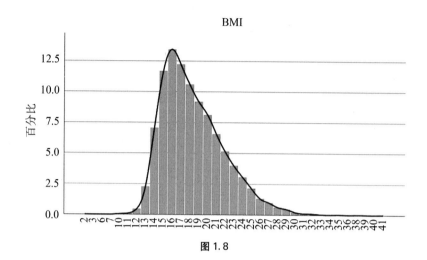

图 1.8

百分比分布,这些曲线下面的面积总和为 1,且处处为非负值,即曲线总是在横轴之上,不可能绕到横轴以下。当总体个数极多时,这种近似所带来的误差从应用的观点来看已经可以忽略不计。而且更好的地方在于,几种常见的光滑曲线对许多实际问题的总体给出了足够好的近似。因此,当我们描述一些总体时,往往直接说"假设该总体服从某某分布",其实就是该总体的百分比分布可以用一个某某分布的曲线去近似实际的分布曲线。对于懂统计的人来说,使用这些行话的直接好处就是简洁明了、方便沟通交流以及方便计算。

图 1.9 是统计中最常用到的分布之一:正态分布。与前面提到的分布一样,正态分布曲线上每一点的高度代表了总体中在该值附近很小区间内的所占百分比大小。在很多应用场合,我们经常假设总体就是服从图 1.9 的正态分布,然后通过观察到的数据估计其具体形状和位置。

1.2.3 分位数

由于图 1.7 中 BMI 为 16 的百分比最大,因此也把 16 称为该总体的众数,即相对比例最大的那个数。借助于计算机,可以很方便地得到每

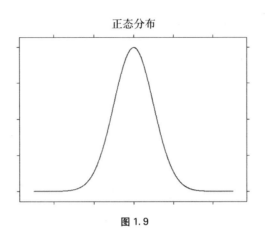

图 1.9

一个 BMI 值所占总体的百分比,如表 1.2 所示。从该表中,可以看出 BMI 为 10 的个体所对应的累计百分比为 0.1%,这意味着该个体的 BMI 超过了这个总体中大约 0.1% 的个体;而 BMI 为 14 的个体所对应的累计 百分比为 9.9%,这意味着该个体的 BMI 超过了这个总体中大约 9.9% 的个体;以此类推。基于这个事实,统计上把 10 称作该总体的 0.1% 分 位数,而把 14 称作 9.9% 分位数。也就是说,如果一个数是 $x\%$ 分位数, 那么该数的大小超过其所在群体的 $x\%$ 的数。

　　实际应用中很少讲 0.1% 分位数和 9.9% 分位数,因为太别扭。约定 俗成,我们一般更习惯说 5% 分位数、25% 分位数、50% 分位数等。50% 分位数有个特别的名字,叫中位数(英文为 median),因为刚好位于群体 中间。如果直接看表 1.2,很难具体知道其 5% 分位数,只能推测 5% 分 位数应该在 13 到 14 之间。因为从表 1.2 中我们知道 13 为 2.9% 分位 数,14 为 9.9% 分位数,所以 5% 分位数必定位于这两者之间。但是如果 采用图 1.8 中的曲线去近似实际的总体百分比分布,该问题就迎刃而解。 只需要在该横轴上找到一点保证通过该点的垂直于横轴的线对应的曲 线左边的面积等于 5%,则该点就是 5% 分位数。通过计算机可以很方便 地做到这一点,但是如果没有这条假设的曲线,就算计算机再快也不可能仅仅通过表1.2中的数据或者图1.7找到5%分位数,因为根本不知道该怎么找。由此可见使用与实际总体近似的光滑曲线去近似该总体的优势所在。我们把这种人为赋予的光滑曲线叫做统计总体。由于大多数情况下,总体无法获取,因此一般的统计分析当中我们往往根据经验直接假设总体是某个特定形状的统计总体(比如类似图1.9的正态分布),然后根据实际数据确定该曲线的具体位置和形状。

表1.2 某地区小学生各 BMI 值所占总体比例

		频率	百分比	有效百分比	累积百分比
	2	2	.0	.0	.0
	3	1	.0	.0	.0
	6	1	.0	.0	.0
	7	1	.0	.0	.0
	10	7	.1	.1	.1
	11	13	.1	.1	.2
	12	61	.4	.4	.6
	13	309	2.3	2.3	2.9
	14	962	7.0	7.0	9.9
	15	1595	11.7	11.7	21.6
有效	16	1836	13.4	13.4	35.1
	17	1669	12.2	12.2	47.3
	18	1445	10.6	10.6	57.9
	19	1255	9.2	9.2	67.0
	20	1108	8.1	8.1	75.2
	21	895	6.6	6.6	81.7
	22	702	5.1	5.1	86.9
	23	544	4.0	4.0	90.8
	24	417	3.1	3.1	93.9
	25	293	2.1	2.1	96.0
	26	179	1.3	1.3	97.3
	27	134	1.0	1.0	98.3

续表

	频率	百分比	有效百分比	累积百分比
28	85	.6	.6	99.0
29	63	.5	.5	99.4
30	29	.2	.2	99.6
31	16	.1	.1	99.7
32	13	.1	.1	99.8
33	5	.0	.0	99.9
34	3	.0	.0	99.9
35	4	.0	.0	99.9
36	2	.0	.0	99.9
38	3	.0	.0	100.0
39	2	.0	.0	100.0
40	1	.0	.0	100.0
41	2	.0	.0	100.0
总计	13 657	100.0	100.0	

　　表 1.2 和图 1.7 是对应的，它们都给出了我们关于小学生体质研究中对象总体的详细信息。其不足之处在于不够简洁。如果我们没有将体质四舍五入，表 1.2 可能会变得更长；图 1.7 对总体的描述尽管是一种直观的方式，但如果我们需要向别人描述这幅图，依然需要费不少口舌。因此，尽管相对于原始数据，表 1.2 和图 1.7 已经相对比较简洁地刻画了总体，但是我们依然希望能通过更简明的形式对总体进行描述。

1.2.4　总体均值：对总体"中心"的刻画

　　我们经常用到的平均值就是上文所希望的一种更为简明的方法。把以上总体中的所有数字加起来然后除以总体的个数就得到了总体的平均值，简称总体均值，常用符号 μ 表示。如果总体中个体总数为 N，我们把总体中的每个值分别记为 $x_1, x_2, \cdots, x_N$，根据我们熟知的均值的计算方法，μ 可以写作：

$$\mu = \frac{x_1 + x_2 + \cdots + x_N}{N}$$

如果我们定义求和符号 $\sum\limits_{i=1}^{N} x_i = x_1 + x_2 + \cdots + x_N$，上式可简写为如下形式：

$$\mu = \frac{\sum\limits_{i=1}^{N} x_i}{N}$$

根据表 1.2 给出的结果，也可以计算该总体的均值，方法如下：

$$\mu = \frac{2 \times 2 + 3 \times 1 + 6 \times 1 + 7 \times 1 + 10 \times 7 + 11 \times 13 + \cdots + 16 \times 1\,836 + \cdots + 41 \times 2}{13\,657}$$

上式可化为如下等价的形式：

$$\mu = 2 \times \frac{2}{13\,657} + 3 \times \frac{1}{13\,657} + 6 \times \frac{1}{13\,657} + 7 \times \frac{1}{13\,657} + 11 \times$$

$$\frac{13}{13\,657} + \cdots + 16 \times \frac{1\,836}{13\,657} + \cdots + 41 \times \frac{2}{13\,657}$$

上式表明，总体的均值等于每个所能取的值乘以该值所占比例，如果用 $p(x_i)$ 表示总体中数值为 x_i 的个体所占的比例，均值的表达方式可以写成如下形式：

$$\mu = \sum_{i=1}^{N} x_i p(x_i)$$

SPSS 中，通过在图 1.3 中点击"统计"，并在出现的对话框中选取"平均值"计算平均值，如图 1.10 所示。

所得结果如图 1.11 所示。

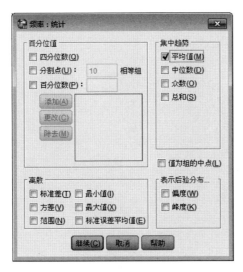

图 1.10

统计

BMI

个案数	有效	13657
	缺失	0
平均值		18.40

图 1.11

这表明我们小学生 BMI 的总体的平均值是 18.40. 结合图 1.7, 我们可以看出均值在某种程度上刻画了图 1.7 的中心位置。那么, 为什么平均数刻画的就是总体的中心呢? 从平均数的计算方法我们可窥一二: 总体的一组数中大小不一, 当我们把它们放在一起求和时, 大数和小数就会发生"中和效应", 最后得到的结果就是这些数的中心位置。根据我们前面的定义, μ 就是总体的一个参数, 该参数刻画了总体的中心位置这个特征。从表 1.2 中我们还留意到一个事实, 所记录的部分学生的 BMI 为 2、3、6、7 等, 常识告诉我们, 这些值很有可能是身高、体重等原始数据出错导致的。比如, 身高本来应该使用米的单位记录, 但是填写上报时采用了厘米的单位。如果这样的异常数据很多, 会直接影响最后的计算结果, 导致不准确。因此, 有时我们计算均值会剪除前 5% 和后 5% 的数据, 然后再进行计算。在图 1.2 中的二级菜单中, 选择"描述"可以做到这一点, 结果如图 1.12 所示。

表达总体的"中心"或者"平均水平"这一个特征, 除了均值, 还有中位数。顾名思义, 中位数即位于中间位置的那个数。因此, 中位数的计

描述

			统计	标准 错误
BMI	平均值		18.40	.030
	平均值的95%置信区间	下限	18.34	
		上限	18.46	
	5% 剪除后平均值		18.20	
	中位数		18.00	
	方差		12.574	
	标准 偏差		3.546	
	最小值		2	
	最大值		41	
	全距		39	
	四分位距		4	
	偏度		.908	.021
	峰度		1.337	.042

图 1.12

算方法是：把所有数字从小到大排成一列，刚好位于中间的那个数字就是中位数。显然，根据我们前面介绍的百分位数的概念，中位数其实就是 50% 分位数。虽然都可以用来表示"中心"这一数据特征，相对于平均值，中位数对极端值不敏感。比如，我们统计一个小区 100 户的家庭收入情况，大部分人的年收入都在 10 万左右，但是不巧这个小区住进了一个年收入 1 个亿的富翁，平均值就会比 10 万高出好多倍，但是根据中位数的计算方法该小区年收入的中位数还是 10 万左右。因此，这种情况下，中位数更能代表该小区的收入水平，而年收入为 1 亿的富翁则是异常值（outlier）。图 1.8 中同样也给出了小学生 BMI 总体的中位数 18，这个中值数与均值相差不大。

通过 SPSS 中的数据拆分功能可方便地对不同"类别"的数据进行分别统计，假如我们对总体中不同性别学生的 BMI 总体情况感兴趣，就可以通过"数据"菜单中的"拆分文件"功能分别对该地区男生和女生总体的 BMI 值进行分析。如图 1.13 所示，通过选择"按组来输出数据"，并随后将左边的"性别[sex]"选为"分组依据"，单击"确定"，数据集"BMI.

sav"就被分为两组。这一步操作没有结果输出,但是随后进行的任何操作都将根据性别分别进行计算。比如,这时重复图 1.2、1.3 和 1.5 中的操作,SPSS 输出窗口将分别给出与图 1.7 和表 1.2 类似的男女生 BMI 的百分比图和表。结果显示,男生人数为 7 277,BMI 均值为 19.09;女生人数为 6 380,BMI 均值为 17.61。

图 1.13

我国小学三年级的 BMI 标准为:女生的 BMI 在 13.6～18.6 范围为正常,男生在 13.9～19.4 范围为正常。如果用该标准来衡量,在整体均值的意义上,女生群体比男生群体的体质更为健康一些。

1.2.5 总体的"分散程度": 标准差和方差

为了进一步对照观察男生与女生在 BMI 指标上的差异,我们将这两个百分比分布图并列放在一起,如图 1.14 所示。从图中可以看出,女生在靠近总体中心的附近区域所占百分比,较男生更大,这反映在其中心区域更高,百分比条形图显得更加陡峭。由于图 1.14 是百分比图,因此所有条的高度相加应该是 100%。所以,据此我们也可推断女生的百分比条形图在远离其中心的边缘所占百分比也比男生对应区域更少。尽管这一点我们用肉眼较难察觉，但是基于其中心区域占比明显高于男生，做出这个推断是合理的。所以，女生的 BMI 相对男生的更为集中，大部分在 18 左右更窄的区间内；男生的 BMI 相对更为分散。如果分别查看男生和女生的频率分布表（类似表 1.2），我们也能得出这样的结论，只不过看表 1.2 中的数字往往不如图 1.14 那么直观。

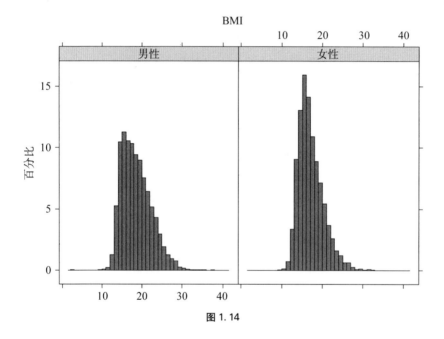

图 1.14

通过百分比分布图对总体的分散程度做出判断过于主观，而查看频率分布表则过于复杂，都不适合于简单直接地刻画总体的分散程度。为了刻画总体的分散程度，我们可以有很多方法，比如计算最大值和最小值的差，或者 75% 分位数和 25% 分位数的差（通常叫做四分位距），但最常用的是标准差。所谓分散，即个体之间存在差异；所谓分散程度，即这种差异大小的某种度量。为了刻画个体间的差异，我们可以直接将它们的值相减；也可以选取某个固定的基准原点，通过计算个体到这个基准点的距离来刻画个体之间的距离。如果选取总体的均值作为基准点,计算每个个体到该均值的距离,然后计算这些距离的平均值,就能表示总体中个体到总体中心的平均距离,该平均距离就可以刻画总体中存在的平均差异,并以此作为总体分散程度的度量。标准差的计算逻辑与此类似,但出于数学上的考虑,不完全相同。标准差的计算:计算得到每个个体到总体均值的距离之后,先求这些距离的平方和,再求这些平方和的均值,最后对该均值开方。这两个过程在目的和逻辑上是等价的,但是数学家觉得后面一种更好"计算",于是他们选了后一种不那么直观、但似乎更有效的方式。如果用 σ 表示总体的标准差,这个过程写成公式如下:

$$\sigma = \sqrt{\frac{\sum_{i=1}^{N}(x_i - \mu)^2}{N}}$$

其中,N 为总体中个体的总数,μ 为总体均值,x_i 表示第 i 个个体。通常,我们还把标准差 σ 的平方 σ^2 叫做方差,即:

$$\sigma^2 = \frac{\sum_{i=1}^{N}(x_i - \mu)^2}{N}$$

均值的英文为 mean value,标准差的英文为 standard deviation(一般缩写为 s.d.)。假如我们得到一个测试成绩的总体如下:

45	70	86	90	95	88	60	77	91	80	81

那么其标准差的计算方式如下:

(1) 计算其平均值为 78;

(2) 用 45,70,86,…,80,81 等各个数据减去 78,得到这些点偏离

数据中心(平均值)的距离;

(3) 把这些距离平方,以保证其为正值,再对这些平方值求和;

(4) 将平方和除以数据个数,得到其平均值;

(5) 由于目标是求平均距离,而第(3)步中将距离进行了平方,因此最后对第(4)步中的结果开平方,即得到了标准差。

表 1.3 详细列出了这一计算过程的前三步,因此该总体的方差为 2 257/11 = 205.18,即标准差约为 14.3,这说明该总体中个体成绩与总体平均成绩(78)的平均差异为 14.3 分。从表 1.3 中"到均值的距离"这一列可以看出,有些成绩偏离 78 较远,比如 45、60、95 偏离 78 的距离分别为 33、18 和 17;有些比较近,比如 80、81 和 77,偏离 78 的距离分别为 2、3 和 1。因此,平均距离为 14.3 是合理的。

表 1.3　标准差以及方差的计算过程实例

Table 2.8　Calculating Variance

测试成绩	平均值	对均值的偏离程度	平方
45	78	− 33	1,089
70	78	− 8	64
86	78	8	64
90	78	12	144
95	78	17	289
88	78	10	100
60	78	− 18	324
77	78	− 1	1
91	78	13	169
80	78	2	4
81	78	3	9
平方和			2,257

以上例子仅用于说明标准差的计算过程及其原理。一般统计软件

会直接给出总体的这些参数。SPSS 中通过图 1.3 和在图 1.10 中选择相应的选项即可得到 BMI 总体的一系列参数(比如,勾选百分位数选项,并设置 15% 分位数选项等),如图 1.15 所示。

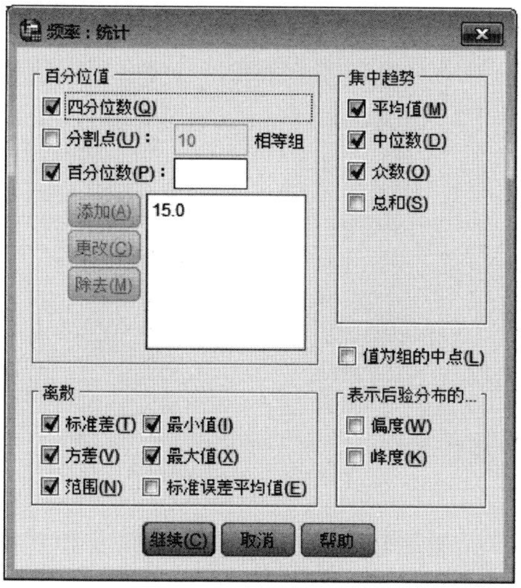

图 1.15

BMI

个案数	有效	13657
	缺失	0
平均值		18.40
中位数		18.00
众数		16
标准 偏差		3.546
方差		12.574
范围		39
最小值		2
最大值		41
百分位数	15	15.00
	25	16.00
	50	18.00
	75	20.00

图 1.16

图 1.16 中,通过勾选相应的选项,得到了某地区小学生 BMI 总体的一系列参数。其均值为 18.40,标准差为 3.546,方差为 $3.546^2 = 12.574$,这说明该小学生总体的 BMI 平均水平为 18.40,该总体中的个体 BMI 偏离总体平均 BMI 水平的平均距离为 3.546。范围是 39,为最大值 41 减去最小值 2 所得。其他结果与前面计算结果也是一致的。

通过图 1.13 中"拆分文件"的方法,结合图 1.16 的操作,可以计算得到男女 BMI 总体的一系列统计量,如图 1.17 所示。

从图 1.17 所示的结果中可以看出,男生 BMI 总体的均值为 19.09,方差为 13.888,对应的标准差为 3.727;而女生 BMI 总体的均值为 17.61,方差为 9.899,对应的标准差为 3.146。这印证了前面根据图 1.14 分析得出的结论。我们知道,BMI 方差(标准差)太大或者太小都意

性别 = 男

统计[a]

BMI

个案数	有效	7277
	缺失	0
平均值		19.09
中位数		19.00
众数		16
标准 偏差		3.727
方差		13.888
范围		39
最小值		2
最大值		41
百分位数	15	15.00
	25	16.00
	50	19.00
	75	21.00

a. 性别 = 男

性别 = 女

统计[a]

BMI

个案数	有效	6380
	缺失	0
平均值		17.61
中位数		17.00
众数		16
标准 偏差		3.146
方差		9.899
范围		38
最小值		3
最大值		41
百分位数	15	15.00
	25	15.00
	50	17.00
	75	19.00

a. 性别 = 女

图 1.17

味着不健康,因此,男生 BMI 总体标准差较大也就意味着其偏离相对健康的平均水平的相对比例较大,即不健康的趋势较大。因此,该结果也进一步说明了,如果仅仅从 BMI 的角度来看,我们选取的总体中男生的体质水平比女生要差。

1.2.6 正态分布

均值和方差(标准差)是刻画总体最常用的指标,因为它们一个给出了分布的中心,一个给出了围绕中心波动的幅度,知道了这两者就对总体的分布范围有了一个大致的判断。例如,对于正态分布,只要给定了它的均值和标准差,这个正态分布就完全确定了。图 1.9 是均值为 0,标准差为 1 的正态分布,简称标准正态分布。与均值为 0、标准差为 2 的正态分布相比,标准正态分布更为集中。图 1.18 给出了这两种分布的形状,虚线表示均值为 0、标准差为 2 的正态分布,实线表示标准正态分布。可以看出,标准正态分布大部分的数集中在 -2.5 到 2.5 的区域,在小于

－2.5 和大于 2.5 的区域出现的可能性已经趋近于 0；但是均值为 0、标准差为 2 的正态分布大部分的数集中在－5 到 5 的区域，比起标准正态分布，它在小于－2.5 和大于 2.5 的区域所占的百分比依然较大。因此，仅仅从图形上看，相对于标准正态分布，均值为 0、标准差为 2 的正态分布中的个体偏离其"均值"的平均距离要更大，因此看起来比标准差为 1 的标准正态分布更为"分散"。这种图形上的直觉符合标准差所想要表达的意义：总体中个体偏离总体均值的平均距离。

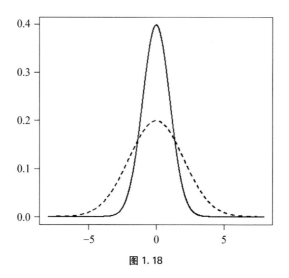

图 1.18

正态分布是统计中经常用到的几种分布之一，在未知总体的分布的情况下，我们经常假设总体就是未知其均值和标准差的正态分布，然后试图通过观察或者实验得到的数据推断其均值和标准差，进而推断未知总体的样子。在数学上，如果我们把正态分布曲线上每一点 x 的高度记为 $f(x)$，那么 $f(x)$ 由下面的式子确定：

$$f(x) = \frac{1}{\sqrt{2\pi}\sigma} e^{\frac{-(x-\mu)^2}{2\sigma^2}} \tag{1.1}$$

其中，μ 为总体均值，σ 为标准差。当 $\mu=0$、$\sigma=1$ 时，上式可化简为：

$$f(x) = \frac{1}{\sqrt{2\pi}} e^{\frac{-x^2}{2}} \tag{1.2}$$

上式即图 1.18 中标准正态分布曲线的数学形式。如果我们把 $x=0$ 代入上式,就能得到标准正态分布中均值 0 所对应的最高点的高度(对照图 1.8 以及相关说明,可理解为相对百分比;也称"概率密度")的大小: $f(x) = 1/\sqrt{6.28} \times 2.718^0 = 1/\sqrt{6.28} = 1/2.5059 \approx 0.399$,这与图 1.18 中我们看到的最高点对应的纵轴坐标大概是 0.4 是一致的。同时, 我们还可以从 (1.1) 的式子知道,正态分布关于其均值是严格左右对称 的。事实上,图 1.18 中的两个正态分布曲线就是选取了 -8 到 8 之间的 若干个等间隔的点作为横轴坐标,并将这些点代入 (1.1) 中分别得到一 系列的对应的纵轴坐标,根据这些坐标得到一系列的点,最后把这些点 依次连接起来得到的。也就是说,只要给定了正态分布的均值和标准差 这两个参数,我们就能完全确定它的形状和位置。如法炮制,我们可以 利用计算机很快画出 $\mu=-2$、$\sigma=1$ 和 $\mu=0$、$\sigma=1$ 以及 $\mu=2$、$\sigma=1$ 三 个均值不同但标准差相等的正态分布,如图 1.19 所示。

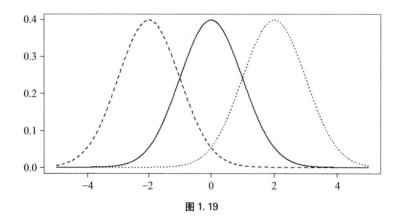

图 1.19

可见,正态分布的标准差影响曲线的形状,均值影响其位置。如果 仅仅是均值不同,而标准差一样,其图形是一样的,均值的差异相当于把相同的图形"平移"到不同的位置。正态分布有很多非常好的特性。比如,正态分布的5‰分位数都是均值减去 1.64 个标准差,2.5‰分位数都是均值减去 1.96 个标准差,0.5‰分位数都是均值减去 2.57 个标准差等。举个例子,通过计算机,我们找到标准正态分布的5‰分位数是−1.64,即标准正态分布中离开均值(为 0)减去 1.64 个标准差(为 1)的左边的阴影面积为 0.05,占到整个标准正态分布曲线下面面积的 1/20,如图 1.20 所示;对于均值为−2、标准差为 3 的正态分布(图 1.20 虚线所示),离开其均值(为−2)减去 1.64 个标准差(为 3)的点为−2−1.64×3=−6.92;均值为−2、标准差为 3 的正态分布中,在点−6.92 左边的阴影面积也为 0.05,占到了虚线下面面积的 1/20,如图 1.20 所示。

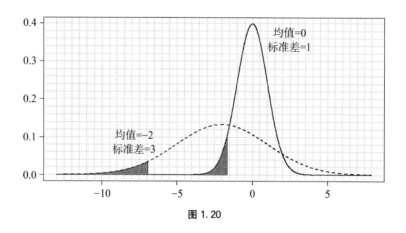

图 1.20

可见,对于任何正态分布,其均值减去一定倍数的标准差得到的都是该正态分布的相同的分位数。例如,对于任何正态分布,均值减去 3 个标准差都是相同的分位数(利用计算机可以算出是 0.134 9‰分位数);均值减去 2 个标准差也都是相同的分位数(2.27‰分位数);均值减去 1 个标准差也都是相同的分位数(15.86‰分位数),等等。因此,对于正态分布,我们可以得到各个区间的相对比例,如图 1.21 所示。从图中可以看出,正态分布中几乎所有的值(99.74‰)都落在均值左右正负 3 个标准差的范围内。

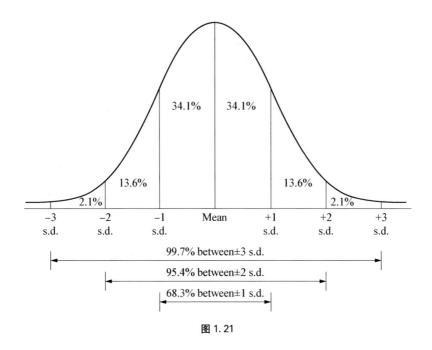

图 1. 21

　　介绍了这么多正态分布,我们来看看正态分布是如何简化我们的计算和分析过程以及如何节省我们的交流成本的。设想你拿到了 BMI 总体中的小学生的智商(IQ)数据(IQ. sav),你用 SPSS 打开这个数据文件,使用我们前面介绍的方法绘制其百分比分布,并且计算得到了一系列的统计量,如图 1. 22 所示。

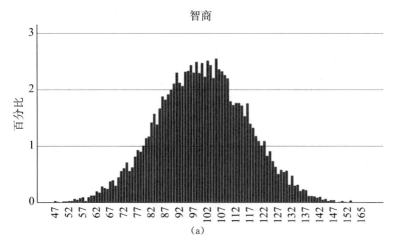

(a)

智商

个案数	有效	13657
	缺失	0
平均值		99.93
中位数		100.00
众数		105
标准 偏差		16.215
方差		262.930
范围		120
最小值		47
最大值		167
百分位数	1	62.00
	5	73.00
	10	79.00
	20	86.00
	25	89.00
	30	91.00
	40	96.00
	50	100.00
	60	104.00
	70	108.00
	75	111.00
	80	114.00
	90	121.00
	95	127.00
	99	137.00

(b)

图 1.22

这个结果告诉我们,总体的平均智商为 99.93,标准差为 16.215,最大值为 167,最小值为 47;智商为 62 的个体排在该总体后 1% 的位置,智商为 79 的个体排在该总体后 10% 的位置,智商为 121 的个体排在该总体前 10% 的位置,智商为 137 的个体排在该总体前 1% 的位置,智商为 100 的个体刚好位于总体的正中间。但是你从图 1.22 中还看到,智商的分布很像是一个正态分布,于是绘制一个均值为 99.93、标准差为 16.215 的正态分布曲线,并将这个曲线叠加在图 1.22 的条形图上面后,发现吻合得非常好,如图 1.23 所示。基于这些结果,你决定直接跟别人讲“该地区小学生的智商服从均值为 99.73,标准差为 16.215 的正态分布”。某

人看到了你的结论,他根据正态分布的性质,计算得出该正态分布的
1%、10%、90%和99%分位数分别为 62,78.95,120.51 和 137.45,于
是也得到如下结论:该群体的智商总体的平均值、中位数和众数都是
99.73,智商为 62 的个体排在该总体后 1% 的位置,智商为 78.95 的个体
排在该总体后 10% 的位置,智商为 120.51 的个体排在该总体前 10% 的
位置,智商为 137.45 的个体排在该总体前 1% 的位置,智商为 99.73 的
个体刚好位于总体的正中间。和利用图 1.22 得到的结果相差无几。

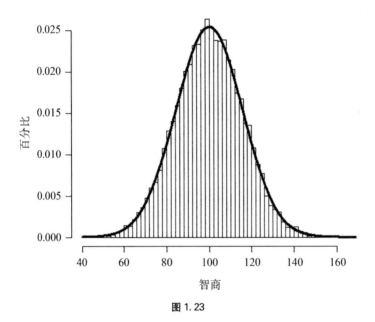

图 1.23

假如我们从均值为 100、标准差为 16 的正态分布中随机抽取一个样
本,该样本位于 100 到 116 这个区间的可能性高达 34.1%,位于 116 到
132 区间的可能性为 13.6%,位于 132 到 148 区间的可能性约为 2.1%。
虽然这三个区间大小一样,但是该随机样本落在这些区间的可能性差别
巨大,这说明如果随机从正态总体中抽取一个样本,那么该样本在中心
附近出现的机会比较大,而远离中心的机会比较小。

1.2.7　变量之间的相关性

前面我们介绍了如何使用均值、方差、分位数以及连续分布曲线去描述一个总体的特征，尽管这些事情非常重要，但可能你还是不太关心。也许你会问，为什么我要知道上海市小学生的体质水平呢，我又为什么要知道一些和我不相关的人的智商平均值呢？但如果有研究人员告诉你，他们发现 BMI 越高的人某些认知能力（比如记忆单词或者做加减法）越低，即 BMI 与人的某些认知能力呈现负相关，你是不是开始有点好奇了。再比如，又有研究人员告诉你，他们发现一个国家的国民生产总值（GDP）不仅与其宏观经济环境有关，而且还与国民的 IQ 相关。再具体点，他们通过数据分析发现：如果一个国家国民总体 IQ 均值多出 1 个单位，其平均 GDP 多出 229 美元，你也许就更好奇了。的确，很多时候我们做研究并不仅限于知道总体水平是什么，我们还关心事物之间是如何相互影响的，存在哪些内在联系以及如何刻画这种内在联系。

事物之间最简单的关系恐怕就是线性关系了，比如刚才提到的总体 IQ 均值多出 1 个单位，那么 GDP 增加 229 美元。这种线性关系足够简单，我们每个人只要会基本算术就知道如何推导相关结论，例如，如果总体 IQ 均值多出 2 个单位，那么 GDP 增加 229×2＝458 美元；如果总体 IQ 均值多出 3 个单位，那么 GDP 增加 229×3＝687 美元，以此类推。在这个关系里面，人均 GDP 随着 IQ 的增加而增加，也随着 IQ 的减小而减小。这个过程中，IQ 和 GDP 都可以看做是一个不断变化的量，因此我们把它们简称为变量；不同之处在于，如果我们把 IQ 当作了 GDP 变化的原因，这时 IQ 叫做自变量，而 GDP 叫做因变量。假如一个国家平均 IQ 为 100 时，人均 GDP 刚好是 20 000 元，那么我们可以用横轴表示 IQ，纵轴表示 GDP，然后把它们的对应关系画在平面坐标上，这时人均 GDP 随平均 IQ 变化而变化的趋势如图 1.24 所示：

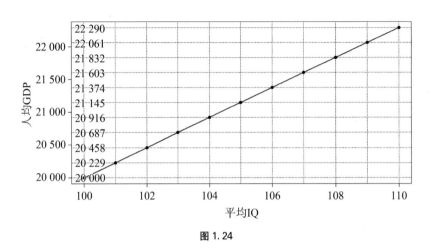

图 1.24

可以看到，平均 IQ 和人均 GDP 之间的关系刚好是一条直线，这也是为什么这种关系叫做线性关系的原因。在数学上，如果一个变量 x（这里为 IQ）变化 1 个单位，另外一个变量 y（这里为人均 GDP）相应地变化 β_1 个单位，那么这两者可以写成如下代数关系式：

$$y_i = \beta_0 + \beta_1 x_i \tag{1.3}$$

从这个式子当中可以看到 x 每增加 1 个单位，y 增加 β_1 个单位；当然如果 β_1 为负数，y 虽然也可以说增加 β_1 个单位，但增加一个负数等同于减少，因此 β_1 为负数时我们一般说 y 减少 $|\beta_1|$ 个单位，而且我们也可以看出 β_1 为负数时，图 1.24 中的直线趋势向下；而当 β_1 为 0 时，y 与 x 没有关系，此时图 1.24 中的直线为一条水平线。我们称 β_1 为图 1.24 中直线的斜率，它代表了 y 相对于 x 的变化率。仅仅靠斜率还不足以确定图 1.24 中的直线，比如，如果图 1.24 中 IQ 为 100 时，人均 GDP 为 20 100，且 IQ 均值与人均 GDP 的关系保持不变（即还是 IQ 均值多出 1 个单位，GDP 增加 229 美元），那么我们可以像作出图 1.24 中直线那样

画出另外一条与之完全平行的直线。事实上，我们只要不断改变 IQ 均值为 100 时人均 GDP 的值，并保持 IQ 均值与人均 GDP 的关系不变，就可以画出无数条与图 1.24 中直线平行的直线。由于现实情况是 IQ 为 100 时人均 GDP 为 20 000，因此我们就得到了唯一一条图示的直线。因此确定一条直线需要两个要素：除了 x 与 y 之间变化的相对关系，还需要告诉 x 为某一具体值时 y 的值。一般地，我们把 x 等于 0 时 y 的值记为 β_0，称为直线的截距。给定了截距 β_0 和斜率 β_1，式(1.3)中的直线方程就唯一确定。图 1.24 中不能一眼看出截距是多少，但可以根据 x 和 y 之间的关系推算得到：

$$\beta_0 = 20\,000 - 229 \times 100 = -2\,900$$

我们知道 GDP 不可能为负数，总体 IQ 也不太可能为 0，因此截距往往只具有数学上的意义，在实际中有时候意义不大，需要具体情况具体分析，这里不展开讨论。

现实中，很多变量之间的关系并不是线性的，比如随着班级规模的变大，学生的学习效果可能会变差。如果我们用生师比表示班级规模，记为 Student Teacher Ratio，变化范围为 12—30；用班上总成绩平均分代表这个班的学习效果，记为 Test Score，变化范围为 0—800；那么这两者真实的关系很可能不是直线，而是图 1.25 中虚线所示的曲线。从图中可以看出，当生师比从 16 增加到 18 时，成绩下降的幅度大于生师比从 18 增加到 20 时的幅度。同样的生师比变化幅度对应了不同幅度的成绩变化，意味着生师比对学习效果的影响是非线性的。尽管如此，为了描述的简便，我们仍然可以使用一条直线去近似这两者之间的关系，如图 1.25 中实线所示。相对于真实的曲线关系，直线能更简洁地表达出班级规模与成绩之间的总体关系，即：生师比每增加一个单位学生成绩平均减少多少分。图 1.25 中，所示直线对应的方程为：

$$\text{Test Score}_i = 699 - 2.28 \times \text{Student Teacher Ratio}_i \qquad (1.4)$$

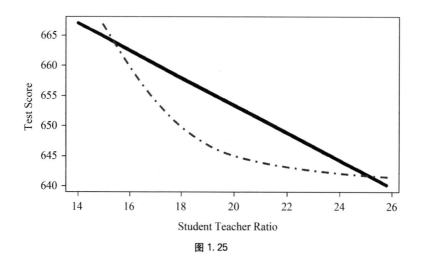

图 1.25

如果两个变量之间的关系是图 1.24 或者图 1.25 中的直线关系,那么它们都可以用式(1.3)表示。这时,我们称这两个变量完全线性相关,简称完全相关,意味着一个变量完全由另外一个变量决定。当两个变量完全线性相关时,它们之间的关系就可以用式(1.3)表示,且式(1.3)中的 $\beta_1 \neq 0$。由于图 1.24 中 IQ 增加时,GDP 增加,因此我们把这种关系称为完全正线性相关,简称完全正相关;而图 1.25 中 Student Teacher Ratio 增加时,Test Score 减少,因此我们把这种关系称为完全负线性相关,简称完全负相关。

当两个变量 x 和 y 满足式(1.3)即完全正相关时,存在如下关系:

$$\left(\frac{y_i - \mu_Y}{\sigma_Y}\right) = \left(\frac{x_i - \mu_X}{\sigma_X}\right) \qquad (1.5)$$

当两个变量 x 和 y 满足式(1.3)即完全负相关时,存在如下关系:

$$\left(\frac{y_i - \mu_Y}{\sigma_Y}\right) = -\left(\frac{x_i - \mu_X}{\sigma_X}\right) \qquad (1.6)$$

式(1.5)和(1.6)中 μ_X 和 μ_Y 分别表示变量 X 和 Y 对应总体的均值，σ_X 和 σ_Y 分别表示变量 X 和 Y 对应总体的标准差，x_i 和 y_i 分别表示总体中的某个个体，i 表示某个不特定个体的编号，如果总体中一共有 N 个个体，那么 i 的取值可以为 1，2，3，$\cdots$，N。为了便于理解，式(1.5)可以拆分为如下的三个等式：

$$z_{y_i} = \frac{y_i - \mu_Y}{\sigma_Y} \tag{1.7}$$

$$z_{x_i} = \frac{x_i - \mu_X}{\sigma_X} \tag{1.8}$$

$$\begin{cases} z_{x_i} = z_{y_i}, & \text{完全正相关} \\ z_{x_i} = -z_{y_i}, & \text{完全负相关} \end{cases} \tag{1.9}$$

反过来，如果把(1.7)、(1.8)和(1.9)合并起来就得到(1.5)和(1.6)。称 z_{x_i} 为 x_i 的 z 分数，z_{y_i} 为 y_i 的 z 分数。z 分数表示个体偏离总体中心的距离，该距离用其自身的标准差来度量。

我们以生师比与班级成绩的关系说明这一原理。为了简明起见，我们用符号 X 代替 Student Teacher Ratio，用符号 Y 代替 Test Score。假如我们所研究总体中生师比的均值 $\mu_X = 20$，标准差 $\sigma_X = 2$，那么如果某个编号为 5 的班级的生师比为 23，则该班成绩的 z 分数为：

$$z_{x_5} = \frac{23 - 20}{2} = 1.5$$

同时由于我们知道 X(Student Teacher Ratio)与 Y(Test Score)的关系满足式(1.4)，因此根据总体均值和标准差的定义，存在如下关系：

$$\mu_Y = \frac{y_1 + y_2 + \cdots + y_N}{N}$$

$$= \frac{(\beta_0 + \beta_1 x_1) + (\beta_0 + \beta_1 x_2) + \cdots + (\beta_0 + \beta_1 x_N)}{N}$$

$$= \frac{N \times \beta_0 + \beta_1 \times (x_1 + x_2 + \cdots + x_N)}{N}$$

$$= \frac{N \times \beta_0 + \beta_1 \times (N \times \mu_X)}{N} \qquad (1.10)$$

$$= \beta_0 + \beta_1 \times \mu_X$$

$$\sigma_Y = \sqrt{\frac{\sum_{i=1}^{N} (y_i - \mu_Y)^2}{N}}$$

$$= \sqrt{\frac{\sum_{i=1}^{N} [(\beta_0 + \beta_1 x_i) - (\beta_0 + \beta_1 \mu_X)]^2}{N}}$$

$$\qquad (1.11)$$

$$= \sqrt{\frac{\beta_1^2 \sum_{i=1}^{N} (x_i - \mu_X)^2}{N}}$$

$$= \beta_1 \sqrt{\frac{\sum_{i=1}^{N} (x_i - \mu_X)^2}{N}}$$

$$= \beta_1 \sigma_X$$

代入(1.4)中直线斜率和截距的具体值,我们得到:

$$\mu_Y = \beta_0 + \beta_1 \times \mu_X$$

$$= 699 - 2.28 \times 20$$

$$= 653.4$$

$$\sigma_Y = \beta_1 \times \sigma_X$$

$$= 2.28 \times 2$$

$$= 4.56$$

同时根据式(1.4),还可以知道生师比为 23 时该班级的平均成绩为:

$$y_5 = 699 - 2.28 \times 23 = 646.56$$

根据 z 分数的定义,该班级平均成绩 z 分数为:

$$z_{y_5} = \frac{646.56 - 653.4}{4.56} = -1.5$$

再任意取一个生师比,重复以上过程,可以得到同样的结论。也就是说,只要 x 与 y 满足式(1.3)所示的线性等式关系,那么式子(1.7)至(1.9)就一定成立,即式(1.5)或者式(1.6)对于总体中的任意 (x_i, y_i) 就一定成立。

以上演示的计算过程和所得结论说明:只要总体中变量 X 与 Y 完全线性相关,那么其中每一个个体在 X 与 Y 这两个维度的 z 分数就必定相等。由于 z 分数实际上刻画了每个个体在总体中的相对位置,因此这个结论通俗一点讲就是:如果总体中两个变量完全相关,那么每个个体在 X 与 Y 这两个变量所对应的维度上面的相对位置是相等的;如果一个个体在 x 维度上用 z 分数刻画的位置为 z,那么这时它在 y 维度上面的位置也是 z,从而我们就可以用 x 的相对位置预测 y 的相对位置。比如,如果上面我们知道了某个班级生师比的 z 分数为 -1.5,那么在生师比与成绩完全相关的情况下,我们不用计算就可以知道该班级在总体中成绩维度上面的相对位置(即 z 分数)为 -1.5,从而知道其平均成绩为:

$$y_i = \mu_Y - z_i \sigma_Y$$
$$= 653.4 - 1.5 \times 4.56$$
$$= 646.56$$

因此,在两个变量完全相关的情况下,我们可以用一个变量的 z 分数来预测另外一个变量,其原理在于它们的 z 分数相等。

很显然,当两个变量完全正相关时,式(1.12)一定为 0,即:

$$
\begin{aligned}
r &= \frac{1}{N} \sum_{i=1}^{N} \left[z_{y_i} - z_{x_i} \right]^2 \\
&= \frac{\sum_{i=1}^{N} \left[\left(\dfrac{y_i - \mu_Y}{\sigma_Y} \right) - \left(\dfrac{x_i - \mu_X}{\sigma_X} \right) \right]^2}{N} = 0
\end{aligned} \tag{1.12}
$$

同时我们还可以证明：当两个变量完全负相关时，式(1.12)为 4，即：

$$r = \frac{1}{N} \sum_{i=1}^{N} \left[z_{y_i} - z_{x_i} \right]^2$$

$$= \frac{\sum_{i=1}^{N} \left[\left(\frac{y_i - \mu_Y}{\sigma_Y} \right) - \left(\frac{x_i - \mu_X}{\sigma_X} \right) \right]^2}{N}$$

$$= 4 \tag{1.13}$$

证明（略）。

也就是说：当两个变量完全正相关时，它们在其各自的维度上位置完全相等，共同变化，此时 $r=0$；当两个变量完全负相关时，它们在各自维度上的位置完全相反，共同变化，此时 $r=4$。同时，我们还可以证明：当一个变量在其所在维度位置变化而另外一个变量的位置等可能地出现在正负位置上时，上式定义的 $r=2$，刚好位于 0 和 4 的中间；这时，两个变量不相关。尽管我们还不知道非完全相关的图形表示，但现在可以想象：当 r 从 0 变到 2 时，是两个变量从完全正线性相关变到不相关的过程；当 r 从 2 变到 4 时，是两个变量从不相关变到完全负线性相关的过程。因此，基于这些结论我们可以用 r 刻画两个变量之间的相关性，为了让这个系数体现正负相关的符号，我们有必要将 r 的定义作如下的代数恒等变换：

$$r_{xy} = 1 - \frac{r}{2} = 1 - \frac{1}{2N} \sum_{i=1}^{N} \left[z_{y_i} - z_{x_i} \right]^2 \tag{1.14}$$

这样，当 r 从 0 变化到 2 时，r_{xy} 从 1 变化到 0；当 r 从 2 变化到 4 时，r_{xy} 从 0 变化到 -1；即：变量 x 和 y 完全正线性相关时 $r_{xy}=1$，如果 x 和 y 正相关较小则 r_{xy} 较小，当 r_{xy} 为 0 时，x 和 y 正相关性为 0；变量 x 和 y 完全负线性相关时 $r_{xy}=-1$，x 和 y 负相关性越小，r_{xy} 绝对值越小（即 r_{xy} 越大），当 r_{xy} 为 0 时，x 和 y 负相关性为 0。事实上，我们可以证明：

$$-1 \leqslant r_{xy} = 1 - \frac{1}{2N}\sum_{i=1}^{N}\left[z_{y_i} - z_{x_i}\right]^2 \leqslant 1 \qquad (1.15)$$

即 r_{xy} 正如我们设想的那样在 -1 到 1 之间。同时，还可以证明：

$$r_{xy} = 1 - \frac{1}{2N}\sum_{i=1}^{N}\left[z_{y_i} - z_{x_i}\right]^2 = \sum_{i=1}^{N} z_{y_i} z_{x_i} \qquad (1.16)$$

如果把式(1.16)最右边的项展开，就看到了我们经常见到的相关系数的定义：

$$r_{xy} = \sum_{i=1}^{N} z_{y_i} z_{x_i} = \sum_{i=1}^{N}\left[\frac{(y_i - \mu_Y)}{\sigma_Y}\frac{(x_i - \mu_X)}{\sigma_X}\right] \qquad (1.17)$$

现实中尤其是社会科学研究当中很少有完全线性相关的现象存在，像图 1.24 或者图 1.25 这样完美的两个变量之间的线性相关关系在社会科学中非常少见，因此反过来讲，图 1.24 或者图 1.25 更像是一种理论上的假设或者对现实复杂性的某种简化版本。图 1.26 是实际观察到的一些班级规模与成绩之间的关系图。

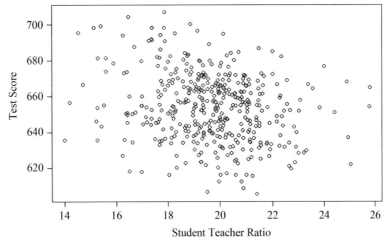

图 1.26

从图 1.26 中可以看出,存在班级规模越大似乎成绩越低这样的趋势。现在的问题是,如果我们观察到了这样的趋势,是否能够作出这样一个假设:班级规模与成绩可能存在与图 1.25 一致的完全线性关系,只不过由于某种原因使得我们观察到的数据如图 1.26 所示。或者换句话说,如果班级规模与成绩可能存在与图 1.25 一致的完全线性关系,是什么原因导致我们看到了图 1.26。答案是肯定的,即如果我们观察到了图 1.26 中所示的班级规模与成绩的关系,我们能够假设班级规模与成绩是具有线性关系的,我们之所以没有观察到与图 1.26 一致的结果,是因为我们没有指定恰当的前提条件。

例如,成绩并非只受到班级规模的影响,而受到多个变量(因素)的影响,比如学生家庭的社会经济状况(social-economic status,简称 SES)就是一个因素。尽管我们说可以按照式(1.4)来假设生师比增高 1 个单位,成绩减小 2.28 分,但这个看似准确的说法其实隐含了许多没有明确说明的条件。更准确的说法应该是:研究发现在保持其他条件不变的情况下,平均而言,生师比增高 1 个单位,学生成绩降低 2.28 分。类似地,IQ 也并非 GDP 的唯一决定因素,因此这两者之间的关系更准确一点讲应该是:研究发现在保持其他条件不变的情况下,平均而言,某个国家平均 IQ 每增高 1 个单位,人均 GDP 增加 229 元。如果我们观察的数据是在保持这些其他因素不变的条件下进行的,我们就有可能看到与图 1.25 一致的数据;但是我们观察时往往没法控制这些其他因素,因此我们就看到了图 1.26 的散点图。

为了把这个问题看得更清楚,我们扩展原来的成绩影响因素模型:假设成绩不仅受到班级规模的影响,而且还受到班级平均 SES 的影响。当然,成绩绝不止受到这两个因素的影响,为了不让问题变得太复杂,我们适当简化,认为只需要这两个因素就可以完全决定成绩,且 SES 和生师比没有关系,即 SES 不受生师比影响,生师比也不受 SES 影响。为了书写简洁，我们还是把变量 Student Teacher Ratio 用符号 x_1 代替，而变量 Test Score 用符号 y 代替，同时为了保持符号统一，我们把 SES 用符号 x_2 代替，并假定 SES 分为 10 个等级，用 1，2，3，4，5，6，7，8，9，10 表示。最后，我们还假设这三者之间的关系像式(1.4)那样也是线性的，即：

$$y_i = \beta_0 + \beta_1 x_{1i} + \beta_2 x_{2i} \tag{1.18}$$

为了形象地说明这三者的关系，现假定：

$$\beta_0 = 699$$

$$\beta_1 = -2.28$$

$$\beta_2 = 5$$

由于 SES 分为 10 个等级，因此 x_2 取值范围为 1，2，3，4，5，6，7，8，9，10。当式(1.18)中的 x_2 取值为 1 时式(1.18)变为：

$$y_i = 699 - 2.28 x_{1i} + 5 \times 1$$

当式(1.18)中的 x_2 取值为 2 时式(1.18)变为：

$$y_i = 699 - 2.28 x_{1i} + 5 \times 2$$

············

以此类推，当式(1.18)中的 x_2 取值为 10 时式(1.18)变为：

$$y_i = 699 - 2.28 x_{1i} + 5 \times 10$$

由于这些等式都是线性关系式，因此如果画在平面坐标系上都表示直线。又因为这些线性等式仅仅截距不同，斜率完全一样（都等于 2.28），因此这些直线是互相平行的直线。如图 1.27 所示。

如果我们随机观察一个班的成绩、SES 和班级规模，发现这个班的生师比为 14，平均 SES 为 5，且平均成绩为 692.08 分；然后再随机观察一个班的成绩、SES 和班级规模，发现这个班的生师比为 27，由于 SES 和生

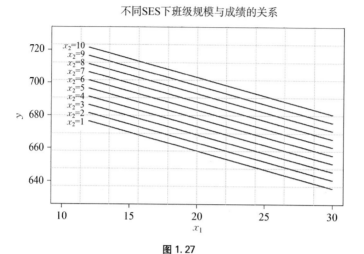

图 1.27

师比没有任何关系,因此这时我们这时观察到的 SES 可能为 1 到 10 中
的任意整数值,比如我们观察到的是 9,这时根据式(1.18)以及我们假设
的参数值,得到平均成绩只能为 682.44 分。如果我们不停继续随机观察
另外 8 个班级的平均成绩、SES 和班级规模,最后发现这 10 个班的生师
比分别为 14,13,27,14,20,21,17,18,24,30,且对应的 SES 和平均
成绩如图 1.28 所示。

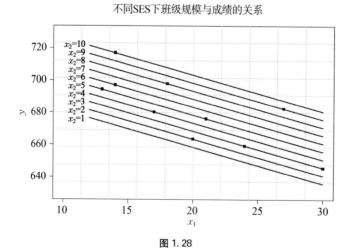

图 1.28

也就是说,如果我们能够得到班级规模和成绩的总体数据,把它们画在坐标系中将与图 1.29 类似。此时,当我们拿掉图 1.29 中的直线,我们就会发现图 1.29 其实和图 1.26 是很类似的,也就是我们经常观察到的散点图。如果说拿掉图 1.29 中的直线后,我们还觉得和图 1.25 中观察的实际数据不太一样,那也只是因为我们在这里只假设了成绩只受到班级规模和 SES 的影响,同时规定了 SES 只能取有限的 10 个值,导致图 1.29 中的散点还不像图 1.26 中那么"散乱",而现实中影响成绩的因素远远不止这两个因素,而且 SES 未必就能用 10 个等级进行完整系统的刻画。

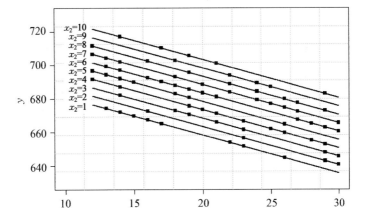

图 1.29

所以,我们用一种简单的方式"生成了"我们观察到的实际现象,对其进行了合理的解释。但这只是一种可能的答案,而可能的答案并非真实的班级规模与成绩之间的关系模式。那么接下来的问题是:是否可能存在其他的模式或者原因导致我们看到的散点图呢?是可能的。但是到这里我们不再继续追问这个问题,原因很简单,在没有更好的或者更强的理由能够说服我们非常有可能存在这些子虚乌有的模式或者因素之前，我们不想自找麻烦；如果简单如图 1.25 的线性模式已经能够较好地解释观察到的现象，何乐而不为？或者，我们还没确认简单的模式是否正确之前，我们不冒失地去追求复杂。

假如图 1.29 就是我们获取的总体数据，共 100 所学校，数据文件见"SES-Student Teacher Ratio-Grade. sav"。根据式（1.17）计算图 1.29 中的班级规模与成绩的线性相关性，会发现 r_{xy} 为 -0.647，小于 0 且大于 -1；如果我们计算 SES 与成绩的相关性，那么会发现相关性为 0.71，大于 0 小于 1。这与我们介绍的相关系数的意义是一致的。SPSS 中计算相关系数的方法如下，首先在分析菜单中选择"相关"中的"双变量"选项，弹出"双变量相关性"界面，在该界面中把需要计算相关性的变量选入右侧"变量"区，如图 1.30 所示。

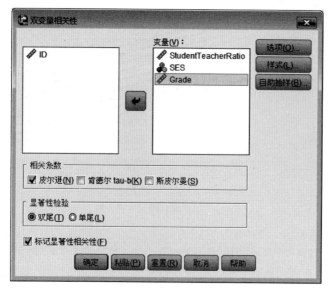

图 1.30

在图 1.30 中单击"确定"，即可在 SPSS 结果输出窗口中得到班级规模、SES 与成绩三个变量两两之间的相关性，如图 1.31 所示。

相关性

		StudentTeacherRatio	SES	Grade
StudentTeacherRatio	皮尔逊相关性	1	.077	-.647**
	Sig.（双尾）		.445	.000
	个案数	100	100	100
SES	皮尔逊相关性	.077	1	.710**
	Sig.（双尾）	.445		.000
	个案数	100	100	100
Grade	皮尔逊相关性	-.647**	.710**	1
	Sig.（双尾）	.000	.000	
	个案数	100	100	100

**. 在 0.01 级别（双尾），相关性显著。

图 1. 31

如果我们更改方程(1.18)中系数 β_1 和 β_2 的相对大小，那么班级规模和 SES 这两个变量与成绩的相关性会变化。当增大 β_1 时，班级规模和成绩的相关性就会变大；当增大 β_2 时，SES 与成绩的相关性就会变大；但都在 -1 与 1 之间。

综上所述，假设我们获得了总体中两个或者以上的变量的数据，我们可以使用式(1.18)刻画变量之间的相关性。如果我们认为一个变量受多个变量影响时（因果关系），它与这些变量两两之间的相关性一般会小于 1，这表示该变量除了受到某个变量的影响之外，还受到其他变量的影响，变量之间的相关性的强弱刻画了变量之间影响的相对大小。

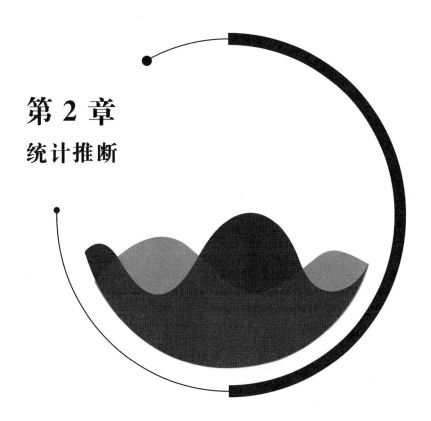

第 2 章

统计推断

2.1　随机抽样

实际应用中,往往很难得到总体的所有数据。在没有总体数据的情况下,如何知道总体的参数就成了一个问题。通常的做法是,通过随机抽样从总体中得到一些个体的数据,一般称之为样本。受限于抽样所需的人力、物力和财力,相对于其总体,样本数量一般比较小。在给定总体范围的情况下,利用计算机能很方便地实现随机抽样。例如,在小学生体质水平的总体中,假如这些小学生的学号分别为 201800001,201800002,⋯,201813657,通过计算机可以每次随机地从这些号码中随机挑选出若干个样本,然后利用这些学号作为索引得到对应的 BMI 值和体质水平等个体数据。我们把抽样的个数叫做样本容量,表 2.1 是我们随机从 BMI 总体中抽取的样本容量为 50 的一组样本的学号:

表 2.1

[1]	201812095	201805080	201810928	201807305	201807677	201804040	201802147
[8]	201811905	201808411	201805606	201813087	201804273	201805420	201811883
[15]	201800053	201805196	201811672	201802946	201802408	201802163	201803687
[22]	201804126	201800639	201807402	201807932	201801249	201811104	201809628
[29]	201803683	201809091	201803693	201808709	201810696	201807064	201812106
[36]	201804913	201805572	201809085	201811417	201812908	201801527	201802851
[43]	201809025	201803806	201804622	201804660	201808382	201800616	201811371
[50]	201805595						

通过统计这些学号在各个区间出现的频率,我们可以看出抽样程序在大范围内是非常随机的,并没有什么规律可循,如图 2.1 所示:

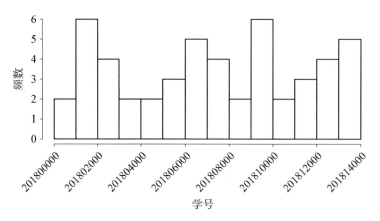

图 2.1 学号样本直方图

再次运行相同的抽样程序,得到与上次完全不同的 50 个样本,其具体学号(如表 2.2 所示)和对应的频率分布图(如图 2.2 所示)。

表 2.2

[1]	201809576	201802255	201801236	201809264	201808024	201810767	201812755
[8]	201800296	201801718	201811502	201807235	201806760	201805975	201805612
[15]	201801670	201804783	201811893	201810830	201813135	201807796	201802956
[22]	201808052	201803968	201803230	201801053	201805853	201807711	201809165
[29]	201801647	201802866	201800721	201803139	201802668	201808838	201805420
[36]	201812770	201800344	201812512	201812268	201811083	201812433	201801745
[43]	201806995	201807613	201811826	201804206	201811542	201810711	201801337
[50]	201813476						

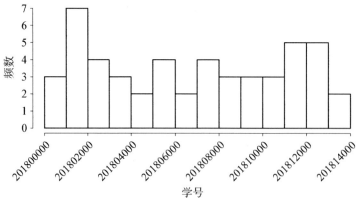

图 2.2 学号直方图

很容易理解,两次随机抽样产生的 50 个学号完全一样的可能性非常之小,可看作几乎是不可能的。因此,如果基于两次不同随机抽样得到的样本,即使执行相同的计算程序,其结果也可视为是完全随机的。

用 SPSS 模拟上述简单随机抽样过程的操作如下:在一级菜单"数据"选项中选择"选择个案",在弹出的"选择个案"对话框中勾选"随机个案样本",然后在弹出的"选择个案:随机样本"中按照图 2.3(b)进行设定,点击"继续"返回"选择个案"窗口,然后点击"确定"后返回到 SPSS 的数据编辑器界面。

(a)

(b)

图 2.3

以上操作在数据编辑界面中增加一列"filter_＄",如图 2.4 所示,随机选中的 50 个样本在该列的值被置为 1。由于是随机抽样,因此每次执行该操作时,得到的"filter_＄"列的结果一般不一样。

	BMI	level	sex	filter_$
175	36	肥胖	男	0
176	16	偏瘦	男	0
177	24	超重	男	0
178	22	正常	男	0
179	18	偏瘦	男	0
180	23	正常	男	0
181	23	正常	男	1
182	19	正常	男	0
183	14	偏瘦	男	0
184	15	偏瘦	男	0
185	17	偏瘦	男	0
186	19	正常	男	0
187	30	肥胖	男	0
188	15	偏瘦	男	0

图 2.4

2.2 样本的均值和标准差

现在假设我们通过上述随机抽样程序选取了 50 个小学生,然后测定了他们的身高体重得到了他们的 BMI,而总体数据"BMI. sav"被锁在保密柜里,无法看见。由于样本也是一组数值,因此也有其特征。比如样本的平均值和样本的方差、标准差都可以用来刻画样本的中心和离散程度这些特征,这与总体中采用这些方法来刻画其特性的原因并无二致,计算方法也基本相同。例如:假设我们得到 N 个样本,分别为 X_1,X_2,$\cdots$,X_N,此时如果用 $\overline{X}$ 表示样本均值,则其计算方法为:

$$\overline{X} = \frac{X_1 + X_2 + \cdots + X_N}{N} \tag{2.1}$$

对于样本标准差和样本方差我们一般用 s 和 s^2 表示,样本方差 s^2 的计算公式与总体方差的计算公式稍有不同,如下:

$$s^2 = \frac{1}{N-1} \sum_{i=1}^{N} (X_i - \overline{X})^2 \qquad (2.2)$$

为了与总体参数进行区别,我们把样本的均值、方差和标准差等完全由样本决定的量称为统计量。比如,在图 2.3 的基础上,我们再利用"分析"中"描述统计"菜单的子菜单"频率"就可得如图 2.5 所示的结果。

BMI

个案数	有效	50
	缺失	0
平均值		19.36
中位数		19.00
众数		16
标准 偏差		3.773
方差		14.235
百分位数	25	16.00
	50	19.00
	75	22.00

图 2.5

2.3 抽样分布

直觉上,由于每个样本都来自总体,因而样本统计量也必定携带了对应总体参数的信息。比如样本的均值应该在某种程度上反映了总体的均值的特征;样本的标准差也应该在某种程度上反映了总体标准差的特征。

同时我们也知道,由于随机抽样每次得到的样本很可能不一样,因此样本统计量也会不一样,存在误差。因为这种误差是由抽样的随机性引入,因此我们把样本统计量与相应总体参数之间的误差叫做抽样误差。比如,样本均值与总体均值之间的差异就是抽样误差。

尽管每次抽样所产生的样本统计量是随机变化的,但是却遵循一定的模式。以均值为例,如果每次从 BMI 总体中选取 50 个样本,并求取样

mean		
个案数	有效	10000
	缺失	0
平均值		18.3989
中位数		18.3800
众数		18.26
标准 偏差		.49734
方差		.247
百分位数	25	18.0600
	50	18.3800
	75	18.7200

图 2.6

本均值;把这个抽样过程反复进行多次,比如 10 000 次,就得到 10 000 个样本均值,见数据文件"BMI-samle-mean-10000. sav"。这 10 000 个样本均值的统计量如图 2.6 所示。

可见,10 000 次样本均值分布的中心与总体的中心基本相等,而其方差约等于总体的方差的 1/50,相应地,10 000 次样本均值的标准差约等于总体标准差的 $1/\sqrt{50}$。除此之外,如果看这 10 000 次样本均值的百分比分布图,还能发现它与均值为 18.40、标准差为 $3.546/\sqrt{50}=0.50$ 的正态分布基本吻合,如图 2.7(a)所示。由此,基本可以说:这 10 000 次样本均值的分布是均值为 18.40、标准差为 0.5 的正态分布;即使不是严格等于,至少用该正态分布可以很好地近似。改变每次抽样的样本容量 $n=200$,会得到类似的结果,只不过这 10 000 次样本均值的百分比分布图,与均值为 18.40、标准差为 $3.546/\sqrt{200}=0.25$ 的正态分布基本吻合。如图 2.7(b)所示。

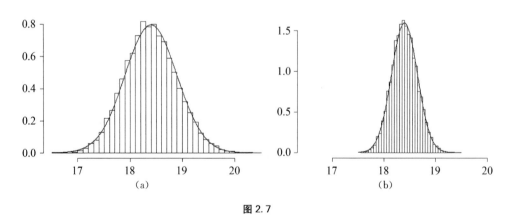

图 2.7

图 2.7 中虽然是 10 000 个样本均值的分布,看起来已经不少,但是与均值为 18.40,标准差为 0.5 的正态分布曲线还是有些许出入。如果

将抽样次数变成 10 万、100 万、1 000 万、1 亿,图 2.7 中的样条还可以切分得更细,与均值为 18.40、标准差为 0.5 的正态分布吻合得更好。我们把抽样次数从 100 次增加到 1 000、10 000 以致不断趋近于无穷时(也就是上述循环做无数次,虽然实际上不可能,实际中我们可以通过增大次数看到变化趋势;理论上可以证明,本书从略)的分布称作样本均值的抽样分布。可见抽样分布是由抽样产生的分布,由此得名。

如果上述过程中每次抽样后不是求取样本的均值,而是求取样本的标准差,且做无穷次,那么自然这些标准差也会有对应的抽样分布,该分布就叫做样本标准差的抽样分布。与均值的抽样分布相似于正态分布不同的是,标准差的抽样分布曲线是其他的形状,而非正态分布曲线。因此,抽样分布曲线与所计算的样本统计量有关。

2.4　中心极限定理

图 2.7 中的结果以及相关讨论并非偶然,而是中心极限定理的一个特例。

中心极限定理:设从均值为 μ、方差为 σ^2(有限)的任意一个总体中抽取样本量为 n 的样本,当 n 充分大时,样本均值的抽样分布近似服从均值为 μ、方差为 σ^2/n 的正态分布。

该定理表明,不管总体分布曲线是什么形状,只要其方差有限(大多数实际的分布都可以满足),如果每次从中抽取 n 个样本,只要每次抽取的样本 n 足够大,那么其抽样分布就会变得与正态分布越来越接近。这里有四点需要注意:

(1)样本均值的抽样分布与样本所来自的总体分布曲线无关。总体的分布曲线都不影响最后样本均值的抽样分布趋近于正态,只要满足方差有限即可。这是非常好的一个性质,因为不管总体是什么样的分布曲线,我们都可以根据中心极限定理将样本均值与总体均值进行关联(具体方法详见后面）。

（2）其次，定理中提到需要样本 n 充分大，抽样分布才会变得与正态分布接近，这只是一种理论上比较保守的说法。实际上，对于许多奇形怪状的总体分布，n 只要 30 个就可以保证均值抽样分布非常接近正态分布，因此很多时候 $n \geqslant 30$ 就可以算作足够大。

（3）如果总体本身就是正态分布，不管样本数 n 为多少，样本均值的抽样分布总是为均值为 μ、方差为 σ^2/n 的正态分布。

（4）随着样本容量的增加，抽样分布的方差越来越小，即抽样分布曲线变得越来越窄。可见抽样分布的形状会受到样本容量的影响。

图 2.8 给出了几种非正态总体（population）的样本均值的抽样分布随着 n 的增大而变化的情况（可参考 *Learning from data：An Introduction*

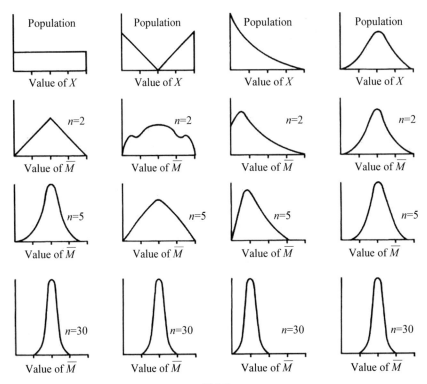

图 2.8

to Statistical Reasoning)。我们可以看到 n 等于 5 的时候，很多总体的样本均值的抽样分布就已经有点正态分布的形状了，等样本数到了 30，已经很接近正态分布了。当然，如果总体是极端非正态的(例如，呈双峰和高度有偏的极端非正态总体)，抽样分布即使在 n 值很大时也是非正态的。

2.5 t 分布

如果每次抽样后，计算的不是样本均值，而是其他统计量，就可以得到不同的抽样分布。比如假如我们每次从均值为 μ、方差为 σ^2 的正态分布中抽样 n 个样本，并对这 n 个样本计算如下的 T 统计量：

$$T = \frac{\overline{X} - \mu}{S/\sqrt{n}} \tag{2.3}$$

会发现 T 的抽样分布曲线的形状与得到样本均值的抽样分布的曲线类似，它们的形状都会随着样本量的改变而变化，如图 2.9 所示。当样本容量为 2 时，该统计量的抽样分布为图 2.9(a)最下面的绿色曲线；中间红色曲线为样本量为 3 时该统计量的抽样分布曲线；最上面的蓝色曲

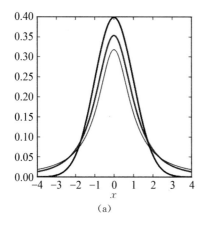

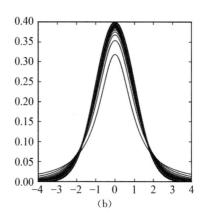

图 2.9

线为标准正态分布。统计学家把该统计量抽样分布的曲线称为 t 分布。t 分布的形状随着样本容量而变化。为了对该统计量的不同样本容量下抽样分布曲线进行区别,我们把样本量 n 减去 1 称作 t 分布的自由度,比如图 2.9(a) 中间的红色曲线就是自由度为 2 的 t 分布。随着样本容量的不断增加,t 分布自由度不断增加,当自由度增加到大约 30 的时候,t 分布基本与正态分布重合,如图 2.9(b) 所示。

2.6 总体参数的区间估计及其与假设检验的关系

我们已经知道,大样本情况下样本均值的抽样分布为正态分布,所以,我们就可以根据样本均值推断总体均值。在 IQ 的例子中,假设我们只知道 IQ 总体为正态分布,且标准差为 16.215,但不知道总体的均值 μ。现随机选取的一个规模为 50 的样本,为方便讨论,记该样本均值为:

$$\overline{X} = \frac{X_1 + \cdots + X_{50}}{50}$$

其中 X_1,$\cdots$,X_{50} 为随机选取的 50 个 IQ 样本。由于 IQ 总体近似服从方差为 16.215 的正态分布,根据中心极限定理,容量为 50 的样本均值的抽样分布的均值为总体的均值 μ,标准差为 $16.215/\sqrt{50} = 2.298$。根据正态分布的性质,离开均值减去 1.96 个标准差是任何正态分布的 2.5% 分位数。因此,$\overline{X}$ 落在 $(\mu - 1.96 \times 2.298, \mu + 1.96 \times 2.298)$ 这个区间的可能性为 95%。同时我们还知道,如果 a 是在 $(\mu - 1.96 \times 2.298, \mu + 1.96 \times 2.298)$ 这个区间任意一个数,那么区间 $(a - 1.96 \times 2.298, a + 1.96 \times 2.298)$ 就能覆盖未知总体参数 μ。因此,综合以上两点,我们就知道 $(\overline{X} - 1.96 \times 2.298, \overline{X} + 1.96 \times 2.298)$ 覆盖真实总体均值的可能性为 95%。我们把这个区间叫做未知总体参数 μ 的 95% 置信区间。

假如我们得到了 50 个样本的均值为 103.74,那么总体均值的 95% 置信区间为(103.74−1.96×2.298, 103.74+1.96×2.298)即(99.24, 108.24),这时总体的真实均值被包含在该区间。如果重复从 IQ 总体中采样,每次会得到不同的样本均值,然后使用上面的方法构造一个 95% 置信区间,那么大约每 20 次会出现一次真实的总体均值不在该区间的情况,即有 5% 的机会该区间不会覆盖总体的真实均值,这也是 95% 置信区间的含义。

以上分析过程中,我们使用了正态分布的 2.5% 分位数所以得到的是 95% 置信区间;一些软件中默认为 95% 置信区间。如果要得到 90% 置信区间,只需要把上述分析过程中的 1.96 换成标准正态分布的 5% 分位数即可。

一般地,如果总体为正态分布,且标准差 σ 为已知,但均值 μ 未知。从总体中随机抽取 n 个样本,得到样本均值为 $\overline{X}$,则总体均值置信度为 $1-\alpha$ 的置信区间为:

$$\left(\overline{X}+\frac{\sigma}{\sqrt{n}}z_{\alpha/2},\ \overline{X}-\frac{\sigma}{\sqrt{n}}z_{\alpha/2}\right) \tag{2.4}$$

其中 $z_{\alpha/2}$ 为标准正态分布的 $\alpha/2$ 分位数。可以看出,区间的长度为 $2\left|\frac{\sigma}{\sqrt{n}}z_{\alpha/2}\right|$,因此,如果增大样本量 n,置信区间就会变窄,也就意味着估计更精确。注意:一般 α 小于 0.5,因此 $z_{\alpha/2}$ 为负值。

例 2.1 大学某学院院长声称该学院学生的智商是均值 μ 为 120、标准差 σ 为 12 的正态分布。假设你对该院长的说法持怀疑态度,并且随机选取了该学院 20 名学生做智商测试,发现这 20 个学生的智商均值为 110。据此,你可以计算得出该学院学生总体平均智商的 95% 置信区间为 $\left(110-1.96\dfrac{12}{\sqrt{20}},\ 110+1.96\dfrac{12}{\sqrt{20}}\right)=(104.74,\ 115.26)$。 由于该区间没有包含 120，因此，你可以有信心认为该院长的说法有点言过其实。但是，由于 95％置信区间还有 5％的可能覆盖不到真实的总体均值，因此，你的判断也并不是没有出错的可能。

除了上面的方法，例 2.1 还可以这么分析：假如院长说的是对的，那么 20 个随机样本的均值的抽样分布应该是均值为 120，标准差为 $12/\sqrt{20} = 2.68$ 的正态分布。根据正态分布的性质，随机抽取的 20 个样本的均值应该有 95％的可能性落在区间 $(120 - 1.96 \times 2.68, 120 + 1.96 \times 2.68) = (114.75, 125.25)$，只有 5％的可能性落在该区间之外。现在，你随机抽取的 20 个样本的均值为 110，落在了该区间之外，你就此推断：假如院长说的是真的，那么你观察到手头这个样本的可能性只有 5％。因此，这时候你站出来说"院长撒谎"而冤枉该院长的可能性只有 5％，并且你愿意承担这个风险。于是，你就站出来说"院长撒谎"。

但是，如果你是一个非常保守的人，最多只愿意承受万分之一的风险，5％的犯错概率对你而言还是太大了。那么你这时候的分析过程变成：假如院长说的是对的，那么 20 个随机样本的均值的抽样分布应该是均值为 120，标准差为 $12/\sqrt{20} = 2.68$ 的正态分布。根据正态分布的性质，随机抽取的 20 个样本的均值应该有 99.99％的可能性落在区间 $(120 - 3.89 \times 2.68, 120 + 3.89 \times 2.68) = (109.57, 130.43)$，只有 0.01％即万分之一的可能性落在该区间之外（使用计算机可以很方便地求出标准正态分布的 0.000 05 分位数为 -3.89）。现在你获取的 20 个样本的均值没有落在这个区间之外，院长说的也不是毫无道理，因此你长舒一口气，"事情还没那么离谱"，因此你也不用仗义执言了。

但是，即使你是一个非常保守的人，如果你获取的样本均值只有 60，我相信你即使不使用上面的统计程序，也不会违背自己的常识进行判断了。如果非要使用上面的统计分析过程，那么显而易见 60 已经落在了区间（109.57，130.43）的外边。不仅如此，如果你再次构造一个 99.999 999％的区间，60 也肯定落在这个区间之外，读者可以试试。所以，使用统计方法分析的过程与我们的常识相符。不同的是，常识往往比较模糊和主观，无法告诉我们具体有多大的风险，如果采用统计分析的思维，相对比较客观，也能提供具体的犯错概率。

可以看出，以上的两种分析方法的结果是等价的。第一种方法先利用获取的样本均值计算置信区间，看置信区间是否包含所声称的总体参数来检验声称的参数是否合理；第二种思路，先假定所声称的总体参数是对的，然后推断如果总体参数像所声称的那样，应该会以多大的可能性观察到什么样的样本均值，如果实际观测到的样本均值与预期不符，就有理由认为假设所声称的总体参数不对。

对于判断院长是否撒谎这件事，尽管这两种方法得到的结论是一致的。但是，从分析过程来看，前者根据样本均值构造了一个区间

$$\left(110 - 1.96\,\frac{12}{\sqrt{20}},\ 110 + 1.96\,\frac{12}{\sqrt{20}}\right) = (104.74，115.26)，该区间覆盖$$

真实总体均值的可能性是 95％，因此，它的出发点是样本均值，落脚点是一个可能覆盖总体均值的范围，因此我们把它叫做参数估计，因为它的目的是为了估计总体参数。而后者则是基于某个假设，推断出：如果该假设成立，样本均值应该以 95％的概率落在（120 - 1.96 × 2.68，120 + 1.96 × 2.68）=（114.75，125.25）的区间；反之，如果样本均值没有落在这个区间，就否定该假设。因此，后者的出发点是假设，落脚点也是假设。因此我们把它叫做假设检验，目的是为了对某一假设进行判定。

实际应用中，假设检验与科学研究联系更为紧密，这是因为科学研究的起点就是一个个的去研究假设。比如，你可能通过日常的观察发现男生体质好的和体质差的都比较多，女生体质则相对比较集中，但是你无法拿到总体的数据，于是你也只能退而求其次通过随机抽样的方法来

判断男女生在体质水平方面的离散程度是否相等。因为你知道标准差可以表示离散程度,这时你的研究假设是:

H_1:男生总体的标准差比女生的大

与之相对应的一个假设是:

H_0:男生总体的标准差与女生的没有区别

一般地,我们把 H_0 叫做原假设、零假设或者空假设,而把 H_1 叫做备择假设。因为 H_1 往往是研究者希望证实的假设,所以科学研究中备择假设也叫研究假设。使用上面类似的逻辑,如果 H_0 是对的,那么男生样本的标准差与女生样本的标准差应该差异不大,我们可以使用这两者的比值来作为它们差异的度量,如果该比值太过于离谱(太大或太小),我们就有理由拒绝零假设,从而备择假设得到证据的支持,证据就是你抽样得到的样本;当然如果比值和 1 差别不大,我们就没有理由拒绝 H_0;但不能拒绝并不代表 H_0 就是对的,因为 H_0 说男生和女生的标准差相等,这基本上也是不可能的。我们很清楚世界上没有两片相同的树叶,男生和女生总体的标准差也不太可能精确无误地相等,总会有些许差异。因此没有办法拒绝 H_0,多半只不过是差异没那么明显,对于这些小的差异我们的检测手段还不够高明,并不能说明 H_0 就是对的。

2.7 标准差未知时的区间估计和假设检验

以上通过一个具体的例子探讨了参数估计和假设检验的概念、区别和联系,在进一步探究假设检验之前,参数估计中还有两个基本问题没有解决:如果标准差不知道怎么办? 如果总体不是正态分布怎么办? 因为实际应用中,我们往往只能拿到一批样本数据,总体的标准差一般是不知道的,总体也可能与正态分布相去甚远。

先看第一个问题:总体是正态分布,但标准差未知。为了说明标准差未知时与标准差已知的差异,还是回到例 2.1。

例2.2 大学某学院院长声称该学院学生的智商是均值 μ 为 120 的正态分布,标准差 σ 未知。假设你对该院长的说法持怀疑态度,并且随机选取了该学院 20 名学生做智商测试,发现这 20 个学生的智商分别为 105,111,112,109,111,113,113,115,111,111,110,107,108,114,110,108,110,105,113,104,计算其均值为 110。因为你不知道标准差,所以不能用前面的方法。但是你知道样本的标准差 $s = 3.078$,而且你知道统计量 $T = \dfrac{\overline{X} - \mu}{s / \sqrt{n}}$ 的抽样分布是自由度为 19 的 t 分布。通过计算机你还能算出自由度为 19 的 t 分布的 0.025 分位数为 -2.093,记为 $t_{19}(0.025)$。也就是说 T 位于区间 $[-2.093, 2.093]$ 的概率为 95%。即:

$$probability \quad of \quad \left(t_{19}(0.025) < T = \frac{\overline{X} - \mu}{S / \sqrt{n}} < t_{19}(0.025) \right) = 0.95$$

也就是:

$$probability \quad of \quad \left(\overline{X} + \frac{s}{\sqrt{n}} t_{19}(0.025) < \mu < \overline{X} - \frac{s}{\sqrt{n}} t_{19}(0.025) \right) = 0.95$$

所以,未知总体均值 μ 的 95% 置信区间为:

$$\left(\overline{X} + \frac{s}{\sqrt{n}} t_{19}(0.025), \ \overline{X} - \frac{s}{\sqrt{n}} t_{19}(0.025) \right)$$

代入数值 $t_{19}(0.025) = -2.093$ 以及 $s = 3.078$ 可知,本例中总体均值的 95% 置信区间为:

$$\left(110 - \frac{2.093 \times 3.078}{\sqrt{20}}, 110 + \frac{2.093 \times 3.078}{\sqrt{20}} \right) = (108.56, 111.44)$$

由于该 95% 置信区间没有包含院长所声称的 120,因此你可以认为院长在撒谎;同时要记住,由于所得到的 95% 置信区间有 5% 的可能没能覆盖到总体均值,因此你的判断有 5% 的可能出错。一般地,若记自由度为 $n-1$ 的 t 分布的 $\alpha/2$ 分位数为 $t_{n-1}(\alpha/2)$,则总体为正态且方差未知的情况下,其总体均值的 $1-\alpha$ 置信区间为:

$$\left(\overline{X} + \frac{s}{\sqrt{n}}t_{n-1}(\alpha/2), \ \overline{X} - \frac{s}{\sqrt{n}}t_{n-1}(\alpha/2)\right) \tag{2.5}$$

与标准差已知时一样,该例也可以从"假设检验"的角度进行分析。首先,确定原假设 H_0 为:该学院学生的平均智商为 120。由于样本量为 20 且总体为正态,因此 $T = \dfrac{\overline{X}-\mu}{s/\sqrt{n}}$ 的抽样分布为自由度为 19 的 t 分布。在 H_0 的假设条件下,这意味着 $T = \dfrac{\overline{X}-\mu}{s/\sqrt{n}} = \dfrac{\overline{X}-120}{s/\sqrt{20}}$ 会有 95% 的概率落在 $(t_{19}(0.025), -t_{19}(0.025)) = (-2.093, 2.093)$ 这个范围,只有 5% 的可能性落在该区间之外。将 $\overline{X} = 110$,$s = 3.078$ 代入式 (2.4) 知道 $T = -14.53$,与根据原假设所预测的相去甚远,这说明原假设极有可能是错误的。

当然,如果你是一个非常保守的人,最多只愿意承受万分之一的风险,5% 的犯错概率对你而言还是太大了。那么这时候你只需要将自由度为 19 的 t 分布的 2.5% 分位数修改为 0.005% 分位数即可。通过计算机计算可知,$t_{19}(0.000\,05) = -4.897$,因此,相应的区间就变为 $(t_{19}(0.000\,05), -t_{19}(0.000\,05)) = (-4.897, 4.897)$。只要统计量 $T = \dfrac{\overline{X}-\mu}{s/\sqrt{n}} = \dfrac{\overline{X}-120}{s/\sqrt{20}}$ 落在这个区域之外,我们就有理由拒绝原假设。例 2.2 给出的数据表明 $T = -14.53$,因此即使你只愿意承受万分之一的风险,那么你收集的事实还是建议你拒绝该院长的说法。这里得出的结论与方差已知时有所不同,原因在于例 2.1 中我们假设标准差已知为

12,所以计算得出的区间比较宽,但是这里由于没有给出方差,于是我们采用了用样本标准差替代未知方差的策略,样本的标准差为 3.078,远低于例 2.1 中的 12,因此你不仅有理由说该学院学生智商均值不为 120,你还有理由说其方差也不对。具体对总体方差的统计推断过程这里略。

在总体为正态分布的时候,式(2.5)比较适用于小样本的情况;如果这时候使用式(2.4)进行估计(用 S 代替 σ),则误差较大。同时由于自由度较大时 t 分布与标准正态分布差别不大,因此当总体是正态,样本量也足够大,用式(2.5)和式(2.4)估计总体均值的差别并不大。

实际应用中,将数据输入 SPSS,直接使用 SPSS 中的"探索"菜单可得到 95％置信区间,具体操作如图 2.10 所示。

(a)

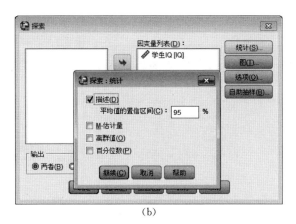

(b)

图 2.10

结果如图 2.11 所示。

个案处理摘要

	个案					
	有效		缺失		总计	
	个案数	百分比	个案数	百分比	个案数	百分比
学生IQ	20	100.0%	0	0.0%	20	100.0%

(a)

描述

			统计	标准 错误
学生IQ	平均值		110.00	.688
	平均值的 95% 置信区间	下限	108.56	
		上限	111.44	
	5% 剪除后平均值		110.06	
	中位数		110.50	
	方差		9.474	
	标准 偏差		3.078	
	最小值		104	
	最大值		115	
	全距		11	
	四分位距		5	
	偏度		-.457	.512
	峰度		-.477	.992

(b)

图 2.11

可见,SPSS 计算结果与之前结果一致。该样本数据如果做假设检验,可使用 SPSS 中的单样本 t 检验,如图 2.12 所示。

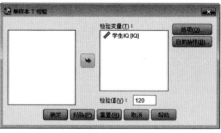

图 2.12

按照图 2.12 设置好之后,点击"确定",在输出窗口就能看到如图 2.13 所示的结果。

单样本统计

	个案数	平均值	标准 偏差	标准 误差平均值
学生IQ	20	110.00	3.078	.688

(a)

单样本检验

检验值 = 120

	t	自由度	Sig.（双尾）	平均值差值	差值 95% 置信区间 下限	上限
学生IQ	-14.530	19	.000	-10.000	-11.44	-8.56

(b)

图 2.13

从图 2.13 中，我们看到了 T 统计量为 -14.53、原假设声称的 120（其实是我们自己在图 2.12 中设的）以及 t 分布的自由度为 19，与前面我们计算的一致。鉴于这里介绍的是总体均值估计，所以假设检验就不过度展开。把假设检验与参数估计并列在此进行比较，其实是为了说明这两者的异同。下面回到我们经常关心的第二个问题：如果总体不是正态分布怎么办？

2.8 关于"正态总体"假设的一个说明

如果总体分布不是正态分布，方差也未知，一般也认为当样本量比较大时，式(2.3)中的 T 统计量的抽样分布和 t 分布的差别不大，因此也可以使用式(2.5)进行估计。但是，如果样本量很小(比如小于 30)，总体也不是正态分布，那么(2.5)式不再适用。这时需要使用其他非参数方法或者自助法(bootstrap method)，本书不介绍。非正态总体情况下，对于样本多大才为大样本，一般认为小于 30 的样本属于小样本，大于 30 就算大样本。但一些研究表明，当总体形态偏离正态较为严重时，建议的样本量为 200—300，具体可参考 Rand R. Wilcox 编写的 *Basic Statistics：Understanding Conventional Methods and Modern Insights* 一书。

在第 1 章中我们已经看到，BMI 总体就不是正态分布，而是稍微右边的尾巴比左边的长,统计上把这种形态称作右偏。为了验证这一点,我们使用从 BMI 总体中随机抽取的 50 个样本(数据文件 BMI-sample. sav),利用图 2.10 中的方法计算其 95％置信区间,结果如图 2.14 所示。

个案处理摘要

	个案					
	有效		缺失		总计	
	个案数	百分比	个案数	百分比	个案数	百分比
BMI	50	100.0%	0	0.0%	50	100.0%

(a)

描述

		统计	标准 错误
BMI	平均值	19.36	.534
	平均值的 95% 置信区间　下限	18.29	
	上限	20.43	
	5% 剪除后平均值	19.22	
	中位数	19.00	
	方差	14.235	
	标准 偏差	3.773	
	最小值	13	
	最大值	29	
	全距	16	
	四分位距	6	
	偏度	.482	.337
	峰度	-.383	.662

(b)

图 2.14

从图 2.14 可知,根据这 50 个样本得到的 95％置信区间为[18.29, 20.43]。在第 1 章中我们还知道,BMI 总体均值为 18.40。因此置信区间覆盖了总体均值。但总体均值已经靠近置信区间的边缘,似乎有点险,但我们说统计的世界就是这样,很少有 100％的事情。为了验证我们上面提到的方法对于非正态总体的均值的覆盖效率,我们不能只看一次,而是要看多次。为此,我们每次从 BMI 总体中随机抽取 50 个样本,然后利用这 50 个样本计算总体均值的 95％置信区间,看所得区间是否包含了总体均值。把该过程重复 10 000 次;然后计算这 10 000 次中总体均值被覆盖的次数。利用计算机可以很快自动完成这一过程,结果表明样本量为 50 时，10 000 次模拟中 95％置信区间覆盖总体均值 9 470 次，覆盖效率大约为 94.70％，与总体为正态时理论值 95％相差 0.3％；将每次取样个数改为经典的 30 个，10 000 次模拟中 95％置信区间覆盖总体均值 9 446 次，覆盖效率大约为 94.46％，与总体为正态时理论值 95％相差 0.54％。我们进一步的模拟样本量从 10 增加到 200 时的覆盖效率，如图 2.15 所示，可以看出样本量为 10 时覆盖效率就可以达到 93％左右，随着样本量的增加覆盖效率有增大的趋势（部分样本容量较大时的覆盖效率相对较小是因为随机波动导致的）。可见，BMI 总体虽然不是正态，但是当样本为 30 时使用 t 分布对其均值进行推断不会导致太大的推断误差。

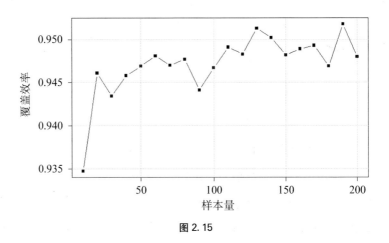

图 2.15

这是针对 BMI 总体所得出的结论，而且是在已经知道总体均值的情况下进行的模拟验证。如何判断一个总体是否可以近似地看做是正态分布，尤其是我们只能获得这些总体的小部分样本的情况下？一个通常的做法是通过样本推断总体的分布形态对正态总体的偏离程度，通常使用"偏度系数"和"峰度系数"来表示这种偏离程度。由于正态分布的偏度和峰度刚好为 0，因此如果"偏度系数"和"峰度系数"较大，我们就认为对应总体不适合于近似看作正态分布。图 2.16 是"偏态"数据一个例子。相对与对称的正态分布,图 2.16(a)在左边有着一个长长的尾巴,我们称作"左偏"或者"负偏",其偏度系数为负数;而(b)在右边有着一个长长的尾巴,我们称作"右偏"或者"正偏",其偏度系数为正数。一般地,如果偏度系数的绝对值大于 2,我们就认为不可视为正态分布;当然,在一些不那么严格的场合,我们把阈值设为 3;而在一些比较严格的场合,我们把阈值设为 1。

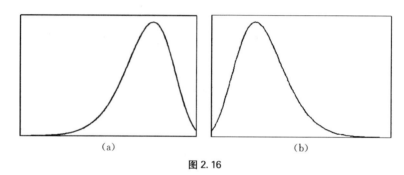

图 2.16

"峰度系数"主要刻画总体在均值附近的陡峭程度,例如图 2.17(c)是正态分布,其峰度系数为 0,图 2.17(b)看起来比正态分布更为陡峭,而图 2.17(a)则在相对比较平缓,(a)和(b)在陡峭程度上都偏离正态分布,"峰度系数"不为 0 正好刻画了对正态形状的偏离程度这一特点。一般地如果峰度系数的绝对值大于 2,我们就认为不可视为正态分布;当然,在一些不那么严格的场合,我们把阈值设为 3;而在一些比较严格的场合,我们把阈值设为 1。

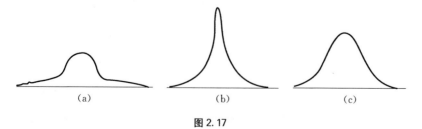

图 2.17

我们用 SPSS 计算 BMI 中 50 个随机样本（数据文件：BMI-sample. sav）的"偏度系数"和"峰度系数"，通过在图 1.15 中勾选"偏度"和"峰度"两个选项，结果如图 2.18 和 2.19 所示。

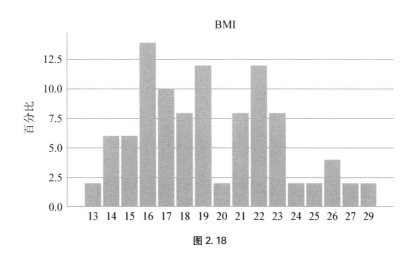

图 2.18

可见，偏度系数为 0.482，属于轻微正偏，这与 BMI 总体的分布形态是一致的；同时，峰度系数为－0.383，表示相对于正态分布更为陡峭。由于这两者绝对值都小于 2，因此可近似看做正态分布，即使用我们介绍的总体均值估计方法并不会造成太大误差。经过这些讨论，相信读者已经对"正态分布"假设有了足够的认识，因此本书后面若非专门提及，一般都假设总体为正态分布或者近似正态分布。

BMI		
个案数	有效	50
	缺失	0
平均值		19.36
中位数		19.00
众数		16
偏度		.482
偏度标准误差		.337
峰度		-.383
峰度标准误差		.662

图 2.19

2.9　关于假设检验的几点说明

在估计总体参数的同时，我们探讨了参数估计与假设检验的关联和异同，也简单介绍了假设检验的基本概念。现在探讨其中一些关键的问题。首先，从例 2.1 以及例 2.2 中，我们看到假设检验的一般逻辑如下：

（1）在该例中，我们并不知道我们的随机样本的均值是否为 120，所以，分析的一开始我们做出了一个**假设**：样本是来自总体为正态，且均值为 120。

（2）然后，我们在该假设下根据抽样分布的数学性质对某统计量（该例中是样本均值）出现的区间进行推断，不同范围大小的区间对应不同的可能性；

（3）基于此，我们可根据你能承担多大的风险，从而控制犯错概率为 α，制定了一个决策规则：

如果某统计量（该例中是样本均值）不落在某个区间之内，那么我们就说这批样本不是来自于我们假设的总体，也就是拒绝第（1）步的假设。尽管我们知道这个决策规则可能会犯错，但是我们知道：如果假设是对的，我们犯错的概率被控制在一个范围之内，比如说犯错概率为 $\alpha = 0.05$。

（4）从另外一个角度来看，因为该规则能对假设的对错进行判断，因此该规则实际上也是对第（1）步中假设是否正确的一种**检验**。

（5）根据第二步的知识，我们可以知道我们的这个决策规则出错的概率。因此，如果你对犯错概率有了新的担当，我们还可以根据这个出错概率修改第（3）步中的决策规则的区间范围。也就是说，决策规则与你能承担的犯错概率一一对应。

综上所述，我们看到其中几个关键词"假设——（根据定理、规律）推断——制定规则（检验）"，因此这个过程我们通常叫做"假设检验"（hypothesis testing）。尽管结合例 2.1 和例 2.2 的分析过程来看这个过程并没有太多需要重复解释的地方，但是其中几个关键的点还需要进一步解释，如下。

2.9.1 原假设的提法

还是以例 2.1 为例，我们分析时提出原假设为：总体均值为院长声称的 120；备择假设是：总体均值不等于 120。为何原假设和备择假设不能反过来，即：原假设为总体均值不等于 120；备择假设为院长声称的 120。因为如果我们得到的数据不能拒绝原假设，即接受总体均值不等于 120，那不也能得出同样的结论：即院长在说谎吗？所以说这个提法不可行，这里，原假设必须是"总体均值为 120"，而不能是"总体均值不等于 120"。原因在于，相对于"总体均值不等于 120"这一假设，"总体均值等于 120"是一个更容易被证明是错误的假设（也就是可证伪性好），而"总体均值不等于 120"这个假设则很难被证明是错误（即可证伪性低），尽管这两个命题在逻辑上就是非此即彼的，但可证伪性不一样，证明时我们需要舍难求易。如果要推翻"总体均值等于 120"这个假设，我们只需要找一个反例即可；如何去找反例呢？只需要找到与这个假设的必然推论相违背的事实即可。在例 2.1 和例 2.2 中我们已经看到，如果总体均值是 120，那么必然有抽样均值以很大概率落在某一给定区间，如果观察不到，那么我们就有理由拒绝该原假设，因为该原假设的逻辑推论出了问题。反过来看如果原假设是"总体均值不等于 120"，需要观测到什么样的事实才可以推翻该假设呢？除非你拿到总体数据，算出其均值等于 120；否则永远也别想证明这个假设是错的。因为如果这个假设是真的，你有可能观察到任意样本；反过来讲，你根本无法根据该假设的必然推论的不正确性来证明其前提（该假设）是不对的（从充分必要条件的角度看，假设检验通过否定原假设的必要条件而否定假设）。这就好比一个无赖跟你讨账，你让他出示借条；他说借条肯定有，就在地球上某个地方；而你必须举出证据说明借条在地球上每个地方都不存在，才能证明你不欠他钱。显然正确的做法是，我们要先假设这个借条不存在，他只要举出一例能说明该借条存在即可。因此，假设检验中，原假设一般是

"等于 120""总体均值没有差别""总体均值没有变化""x 和 y 两者之间没有关系"等。其原因就在于：相对于"总体均值有差别""总体均值有变化"和"有关系"这样的假设来说，"没有差别""没有变化"和"没有关系"这样的假设更容易被证伪。比如：你想研究男生和女生碰到麻烦时使用的问题解决策略有没有差异，那么你的原假设是"男生和女生使用的问题解决策略没有差异"，研究假设就是"男生和女生使用的问题解决策略存在差异"，只要有证据表明"男生和女生使用的问题解决策略没有差异"的原假设是错误的，那么我们就可以说"男生和女生使用的问题解决策略存在差异"的假设得到证据支持。再比如，你想研究一种新的训练程序对学生的自尊心有没有影响，这时你的原假设就是"这种新的训练程序对学生的自尊心没有影响"；还比如，你想研究记忆力和年龄之间的关系，原假设就应该是"记忆力和年龄之间没有关系"，研究假设或者备择假设就是"记忆力和年龄之间有关系"。因此，原假设有时也被称为"虚无假设"。

2.9.2 假设的"方向性"

除了原假设和备择假设提出的方式，假设按照被拒绝的可能性还分为方向性假设（directional hypothesis）和非方向性假设（non-directional hypothesis）。例 2.1 中的总体 IQ 均值为 120 这个假设就是非方向性假设，因为与它对立的备择假设只说"总体 IQ 均值不等于 120"，至于是大于 120 还是小于 120 没有说，因此是没有方向的。要拒绝这个假设只要观察到样本均值远远地偏离 120 即可。同样是拒绝，样本均值可以是 90（负向偏离），也可以是 150（正向偏离）。如果我们把没法拒绝原假设的区域叫做接受域，而把接受域之外的区域叫做拒绝域，我们可以看到"总体 IQ 均值为 120"这个假设的拒绝域在 120 的两边，因此非方向性假设对应的检验也叫"双尾检验"，如图 2.20（b）所示。在有较强证据或者理论基础的前提下，我们也可以提出所谓的"方向性"假设，比如你通过大量的观察和深入阅读相关文献,发现很有可能"男生比女生更容易缺勤",因此你的研究假设就是"男生的缺勤率比女生高",对应的原假设就是"女生的缺勤率比男生高或者两者差不多",这时你只有观察到样本中男生的缺勤率远高于女生(至于需要多远才可以拒绝,需要计算),才可以拒绝原假设。否则,如果你仅仅观察到样本中男生和女生的缺勤率差不多或者甚至女生的缺勤率高于男生都不足以拒绝原假设。可见,这时的拒绝域在"一边",因此,方向性假设对应的检验也叫"单尾检验"。如图 2.20(a)所示。

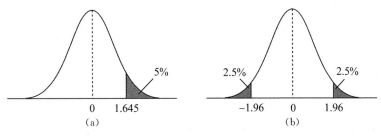

图 2.20

从图 2.20 中可以看出,同样是 0.05 的显著性水平,双尾检验比单尾检验的更为严格,因为双尾检验的拒绝域在[−1.96,1.96],而单尾的拒绝域只要大于 1.645 即可,因此相对于单尾检验,双尾需要观察到更为极端的样本值才能拒绝原假设。因此,研究当中一般采用双尾检验,单尾检验只有在有较强经验或者理论证据支撑的情况下使用。

2.9.3　所谓 p 值

其次,尽管我们可以通过计算样本统计量(比如样本均值)是否落在拒绝域来对原假设进行判断,但有时候我们会根据统计量所在的位置计算所谓的 p 值,然后将 p 值与选取的显著性水平 α 进行比较,从而决定是否可拒绝原假设。如果 p 值小于显著性水平,就可以在该显著性水平下拒绝原假设；反之，则保留原假设。为了理解这一点，我们以双尾检验为例。先看样本统计量落在接受域的情形，如图 2.21 所示，标记为×的点为样本统计量，落在了由预先给定的显著性水平 α 决定的接受域内：

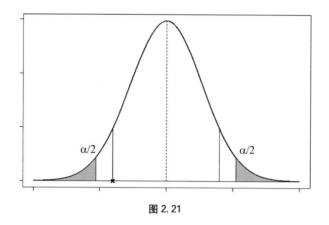

图 2.21

在该情况下，如果计算标记为×的点及其与分布中心对称的点两边的面积，记为 p，必定大于给定的显著性水平 α。因此，如果我们先根据该统计量计算出 p，发现 p 大于给定的显著性水平 α，那么也就意味着对应的统计量落在了接受域。

接下来，我们看样本统计量落在拒绝域的情形，如图 2.22 所示。标记为×的点为样本统计量，落在了由预先给定的显著性水平 α 决定的拒绝域内：

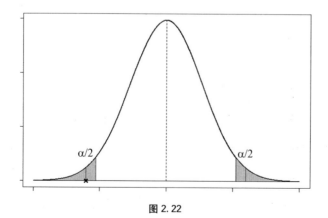

图 2.22

在该情况下,如果计算标记为×的点及其与分布中心对称的点两边的面积,记为 p,必定小于给定的显著性水平 α。因此,如果我们先根据该统计量计算出 p,发现 p 小于给定的显著性水平 α,那么也就意味着对应的统计量落在了拒绝域。

也就是说,我们可以不预先给定显著性水平 α,而是先计算出观测到的样本统计量与分布中心对称的点两边的面积,我们将该面积大小称作 p 值。然后将 p 值与打算选取的显著性水平 α 进行比较,根据比较结果决定是否在该显著性水平下拒绝原假设。回到例 2.1 中,样本均值为 110,5% 显著性水平下的接受域为 (114.75,125.25)。由于观察到的样本均值落在了接受域之外,因此拒绝原假设。反过来看,如果我们先计算点 110 左边的面积以及 110 这一点与分布中心(120)对称的点(即 130)右边的面积(尽管从图 2.23 看,这两个面积几乎为 0,但是由于正态分布的取值范围为负无穷到正无穷,因此面积仍然存在;用计算机可以很方便地求出,值约为 0.000 193 941 6),然后比较该面积与设定的显著性水平 0.05 比较,显然 0.000 193 941 6 远小于 0.05,根据前面的分析,即可在 0.05 的显著性水平下拒绝原假设。这与根据统计量是否落在拒绝域来检验假设是一样的。

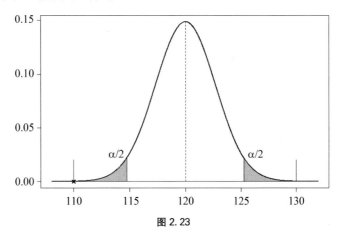

图 2.23

我们把根据样本统计量计算出来的面积 p 称作 p 值,很多统计软件直接给出样本统计量的值及其对应的 p 值,由使用者决定采用什么水平的显著性,进而对假设进行检验。在图 2.12 所示的操作的结果中(如图 2.24),我们看到样本 t 统计量的值为 -14.53,该统计量对应的 p 值即输出结果图表中的"sig.(双尾)"对应值,为 0.000。在前面的分析中,我们采用了接受域的方法进行判别,结果为拒绝原假设。这里如果采用 p 值判别,很显然 0.000 小于 0.05,因此在 0.05 的显著性水平上也是拒绝原假设,与采用拒绝域判断是一样的。

单样本统计

	个案数	平均值	标准 偏差	标准 误差平均值
学生IQ	20	110.00	3.078	.688

(a)

单样本检验

检验值 = 120

	t	自由度	Sig.(双尾)	平均值差值	差值95% 置信区间 下限	上限
学生IQ	-14.530	19	.000	-10.000	-11.44	-8.56

(b)

图 2.24

SPSS 中不区分单尾检验和双尾检验,给出的都是双尾检验的 p 值,这一般也能满足研究的要求。如果特殊情况下假设为方向性假设,需要使用单尾检验,那么根据 p 值的计算原理,只需要将 SPSS 中的 p 值除以 2 即为单尾检验的 p 值。上图所示的 t 统计量的值为 -14.530,对应的双尾检验的 p 值为 0.000,显然如果是单尾检验,其 p 值也是 0。

2.9.4 两类错误

最后,以上提到的"犯错概率 α 一般设为 0.05"中的错误,指的是原假设为真,但由于抽样误差我们得到了一个与原假设相去甚远的一组样本,导致在原假设是真的情形下被我们拒绝的这一类错误。我们把这一类错误称为"第一类错误"。我们把犯第一类错误的概率叫做该统计检验的显著性水平或者拒绝水平。还可能存在另外一类错误,即备择假设为真,但是原假设没有被我们拒绝,这叫做第二类错误。这两类错误的关系如表 2.2 所示。

表 2.2　两类错误

真实状态	样本均值落在拒绝域	样本均值落在接受域
原假设为真	认为原假设错,与事实相悖,判断出错(第一类错误)	无法拒绝原假设,与事实相符,判断正确
原假设为假	认为原假设错,与事实相符,判断正确	无法拒绝原假设,与事实相悖,判断出错(第二类错误)

比如,在智商例 2.1 中,另外一种是可能该学院学生的智商小于 120,但是由于抽样误差的原因,我们得到的样本 IQ 均值却大于 120 或者没有比 120 小太多,导致我们无法拒绝原假设。这时我们就会犯所谓第二类错误。比如,在例 2.1 中,我们初始的目的是为了控制第一类错误的概率:即院长说的是对的,但你由于抽样误差得到了一个远离 120 的样本均值,而判断院长在撒谎,你并不想犯这种错误,因此很谨慎,通过反复权衡,你认为要把这一类错误控制在 5%,这时规则需要设定为:如果 20 个样本均值落在区间 $(120 - 1.96 \times 2.68, 120 + 1.96 \times 2.68) = (114.75, 125.25)$ 之外,那么你就判定院长撒谎。该规则能保证出现第一类错误的概率为 5%。如图 2.25 所示,实线所代表的分布为原假设为真的情况下 20 个样本的抽样分布,即为均值 120,标准差为 2.68 的正态分布;当样本均值落在黑色部分阴影区域时,代表原假设虽然为真但是被拒绝,其面积等于 0.05。如果事实上均值不等于 120,而是等于 118,那么 20 个样本的均值抽样分布就变成下图中的虚线所示的曲线。而若我们的规则还是只要落在 (114.75, 125.25) 区域,那么就不会拒绝原假设,虚线所示的曲线落在 (114.75, 125.25) 区域的面积为图中灰色部分

面积。这代表总体均值已经不等于 120,但是原假设没有被拒绝的可能
性,即第二类错误的可能性。

　　从图 2.25 中可以看出第二类错误的概率为图中灰色部分的阴影面
积,远远大于 50%。通过计算机也可以求出该阴影面积。方法如下:首
先,我们可以算出均值为 118 标准差为 2.68 的正态分布中 114.75 左边
的面积约为 11.26%,然后我们可以用同样的办法算出该正态分布中
125.25 左边的面积等于 99.66%,因此图 2.25 中虚线所示的曲线落在
(114.75,125.25)即灰色部分面积等于 99.66%－11.26%＝88.4%。
这么大的第二类错误概率,意味着如果该学院学生 IQ 确实不等于 120
但是没有被你发现的可能性非常大。因而,往往不能满足我们的要求。

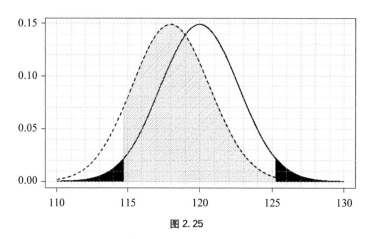

图 2.25

　　通常我们希望这两类错误的概率都很小。如何做到这一点?我们
在减小第二类错误时,必须以增大第一类错误为代价。从图中可以看
出,如果我们保持样本量为 20 不变,并假设智商均值为 118 也不变,此时
如果要减小第二类错误的概率,唯一的办法就是两边黑色部分向内压缩
从而增加减小灰色部分的面积大小,即减小接受域的大小,但这时同时
会增加第一类错误的概率。可见,在其他条件不变的情况下,减小第二
类错误就必然会增大第一类错误的概率,两者是矛盾的。

一般地，我们希望在控制第一类错误概率的条件下，减小第二类错误的概率。这是由第一类错误和第二类错误的性质决定的。以药物有没有疗效的实验为例，我们为了验证某种药物的效果，原假设就是这种药物没有效果，备择假设就是这种药物有效果。第一类错误表示药物没有效果，但是被我们说成有效果；第二类错误表示药物有效果，但是没有被我们发现。第一种错误会耽误人的病程，但是第二种错误仅仅会导致一种有效的疗法没有被发现，显然第一种错误的危害更大。因此，我们总是先控制第一类错误，避免发现一些并不存在的"规律"或"效果"；然后在此基础上尽量发现有用的东西，也就是减小第二类错误的概率。我们把第二类错误的概率记作 β，那么 $1-\beta$ 就是我们设定的检验规则发现规律或者效果的可能性，我们把这种可能性叫统计检验力（power）。假设检验中，power 有时也翻译为功效，是备择假设正确时，根据检验规则接受备择假设的概率。

2.10　为什么量化研究中样本量越大越好

增加随机抽样的样本量可以同时减小这两种错误。根据第一类错误优先控制的原则，这也就意味着通过增加样本量，我们可以在控制第一类错误保持在一定水平（比如 5％）的条件下，减小第二类错误的概率，避免了前面所看到的这两者之间"此大彼小"的矛盾。为了看清楚这一点，我们再回到例 2.1，但这次样本量不为 20，而是 100。根据中心极限定理，样本量 100 时的均值的抽样分布为均值与总体均值相等、但标准差为原来 1/10 的正态分布。这意味着，如果这 100 个样本是来自总体的均值确像原假设所说的为 120，那么其分布是均值为 120、标准差为 12/10（＝1.2）的正态分布，如图 2.26 中实线所示。如果这 100 个样本的均值为 118，那么其分布是均值为 118、标准差为 12/10＝1.2 的正态分布，如图

2.26 中虚线所示。为了控制第一类错误在 5%，我们制定的判断规则如下：

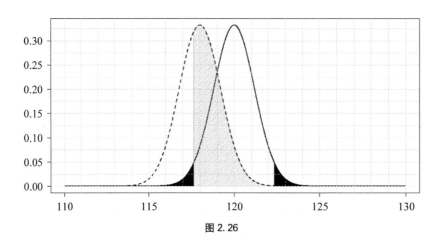

图 2.26

规则 1： 如果 100 个样本均值落在区间 $(120-1.96 \times 1.2, 120+1.96 \times 1.2)=(117.65, 122.35)$ 内部，则保留原假设；如果落在该区间之外，则拒绝均值为 120 的原假设。

根据正态分布的性质，我们知道以上规则的确能够保证总体均值如原假设所说为 120 时，100 个样本均值落在 $(117.65, 122.35)$ 之外的可能性为 5%，即以上规则能保证我们犯第一类错误的概率为 5%。这时我们从图 2.26 中看到：如果实际上该学院学生总体 IQ 均值为 118（即原假设为错的，备择假设为真），那么这 100 个样本其实就来自于均值为 118 而标准差为 12 的正态分布。因而，根据中心极限定理，其抽样分布是均值为 118、标准差为 1.2 的正态分布。这时，如果我们按照上述规则 1 进行判断，那么犯第二类错误的概率等于图 2.26 中灰色阴影部分的面积，约等于 61.46%，小于样本量为 20 时犯第二类错误的概率。这说明增加样本量可以在保持第一类错误不变的条件下，减小犯第二类错误的概率。由于统计鉴别力等于 1 减去第二类错误概率，因此也可以说：增加样本量可以在保持第一类错误不变的条件下，提高统计鉴别力，即提高发现"差别"和"变化"的能力。

由于第二类错误概率还是比较大,我们继续增大样本量为 400。根据中心极限定理,样本量 400 时均值的抽样分布为均值与总体均值相等、标准差为总体标准差 1/20 的正态分布。这意味着,如果这 100 个样本所来自总体的均值像原假设所说为 120,那么其分布为均值为 120 标准差为 12/20＝0.6 的正态分布,如图 2.27 中实线所示。如果这 100 个样本所来自总体的均值不像原假设所说为 120,而是为 118,那么其分布是均值为 118 标准差为 12/20＝0.6 的正态分布,如图 2.27 中虚线所示。为了控制第一类错误在 5％,我们制定的判断规则如下:

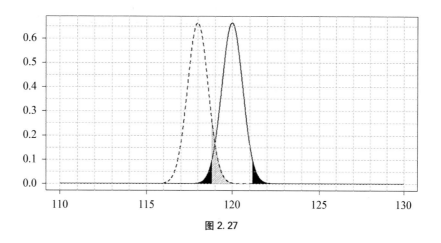

图 2.27

规则 2: 如果 400 个样本均值落在区间(120－1.96×0.6,120＋1.96×0.6)＝(118.82,121.18)内部,则保留原假设;如果落在该区间之外,则拒绝均值为 120 的原假设。

根据正态分布的性质,我们知道以上规则的确能够保证总体均值如原假设所说为 120 时,100 个样本均值落在(118.82,121.18)之外的可能性为 5％,即以上规则能保证我们犯第一类错误的概率为 5％。这时我们从图 2.27 中看到:如果实际上该学院学生总体 IQ 均值为 118(即原假设为错的,备择假设为真),那么这 100 个样本其实就来自于均值为 118 而标准差为 12 的正态分布。因而,根据中心极限定理,其抽样分布是均值为 118、标准差为 0.6 的正态分布。这时,如果我们按照上述规则进行判断,那么犯第二类错误的概率等于图 2.26 中阴影部分的面积。这时,我们已经明显可以从图 2.27 中看到:犯第二类错误的概率略大于 5%(借助计算机,我们可计算得到该面积约等于 8.59%)。假如我们要控制第二类错误的概率也等于 5%,那么看起来我们还得增加样本量;但从这个过程中我们已经看到随着样本量的不断增加,原假设和备择假设其中之一(这里我们设定如果该学院学生 IQ 总体不等于 120,那么就等于 118,因此是备择假设的其中之一)对应的总体的抽样分布重叠面积越来越小,原因是它们的抽样分布标准差随着样本增加不断减小。而当我们控制第一类错误等于 5% 时,判断规则对应的区间就越来越窄,而同时备择假设对应的抽样分布也越来越向其中心 118 靠拢。将图 2.25、图 2.26 和图 2.27 串起来看,一个抽样分布以 120 为中心不断收缩(对应的接受域 从 (114.75,125.25) 变 到 (117.65,122.35),再 到 (118.82,121.18)),另一个抽样分布不断以 118 为中心收缩,就造成了第二类错误(灰色阴影面积)不断减小的现象。

借助于计算机,我们可以继续增大样本量,从 400 到 401 到 402,…。每次增加样本量之后就计算能保证第一类错误的等于 5% 的判断规则,然后根据该规则计算第二类错误的概率,如果发现第二类错误小于或者等于需要的阈值(比如 5%),那么我们就认为找到了最小样本量。利用计算机程序循环实现上述过程,可以很快发现当样本容量为 468 时,可以保证第一类错误和第二类错误的概率同时等于 5%。这时,如下判断规则能保证第一类错误概率等于 5%:

规则 3:如果 468 个样本均值落在区间(118.91,121.09)内,则保留原假设;如果落在该区间之外,则拒绝均值为 120 的原假设。

如果使用该规则且总体均值为 118,那么第二类错误的概率为 0.049 9,约等于 0.05。因此,468 个样本能保证第一类错误和第二类错误的概率都等于 5%。

在上面每一次计算第二类错误的过程中,我们都假设了如果原假设不成立,备择假设对应的总体均值的具体位置为 118,有了这个我们才知道备择假设对应的分布曲线(即图 2.25—2.27 中虚线所示分布)在哪里,才可以计算由"保证第一类错误"等于 5% 得到的区间在该分布曲线上对应的面积,由此得到第二类错误的概率。否则,如果不知道备择假设对应总体的具体位置,我们是无法计算第二类错误的概率的。为了表示备择假设对原假设的偏离幅度,需要引入一个比较重要的概念:效应量(effect size,以下简记为 ES)。效应量一般使用备择假设对应总体均值(记为 μ_1)偏离原假设总体均值(记为 μ_0)的多少个标准差(记为 σ)来衡量,如下:

$$ES = \frac{\mu_1 - \mu_0}{\sigma} \tag{2.6}$$

在上面的例子中,效应量为:

$$ES = \frac{118 - 120}{12} = 0.167$$

反过来看,如果我知道了效应量为 0.167,且假设方差不变的情况下,我们就知道了备择假设所对应的总体的分布曲线的位置和形状,从而可以在其他条件不变的情况下计算出第二类错误的大小。

2.11 如何确定最小样本量

实际应用中,我们很少在给定第一类错误概率 α、样本数 n、以及效应量 ES 的条件下,去求第二类错误概率 β。反而常见的是在给定允许的第一类错误概率 α、第二类错误概率 β(或者更一般地,给定统计鉴别力

$1-\beta$)以及效应量的条件下,需要得到最小样本量 n。即实际应用中我们往往需要知道在多大的样本量情况下(假定效应量为 ES),我们可以以较小的概率犯第一类错误(比如设定 $\alpha=0.05$),同时以较小的概率犯第二类错误(比如设定 $\beta=0.05$),即以较大的统计鉴别力(如果 $\beta=0.05$,则统计鉴别力为 $1-\beta=0.95$)发现可能存在的"变化"或者"效应"。实际上,给定 α、β、n、ES 四个中的任意三个都可以求出另外一个。通过前面的分析,我们已经看到如何在给定 α、ES 时,通过不断增加 n 减小 β,即给定 α、n、ES 时求对应的 β;而实际应用中,往往需要给定 α、β、ES 预估最小样本容量 n,比如利用问卷收集数据前我们需要确定问卷的数量。

有很多程序可以在给定 α、β、ES 的条件下预估最小样本容量 n,比如 G * Power 和 R[①] 中的 pwr 包。作为演示,我们使用 R 中的 pwr 包进行计算,如下:

```
> library(pwr)
> pwr.norm.test(d=-2/12,sig.level=0.05,power=0.95)

     Mean power calculation for normal distribution with known variance

            d = 0.1666667
            n = 467.8095
    sig.level = 0.05
        power = 0.95
  alternative = two.sided
```

在上面的命令中,我们首先使用 library 命令载入了 pwr 包,以便调用该程序包中的一系列命令,接下来的 pwr. norm. test 命令就是其中之一。在 pwr. norm. test 中,我们指定 $ES=d=(118-120)/12$,显著性水平 $\alpha=0.05$,统计鉴别力 power$=0.95$(即 $1-\beta=0.95$,也就是 $\beta=0.05$),然后程序输出 $n=467.8095$,与我们之前 2.10 节中计算得出的最小样本量 468 基本一致。如果使用我们前面提到的算法得的与上面 $n=$

---

① R 为开源统计计算环境,下载地址为 www. r-project. org。安装完成之后双击程序图标运行 R,在程序界面中使用 install. packages("pwr")命令安装 pwr 包,然后就可以运行以上命令。

467.809 5 完全一致的结果，只需要将搜索步长改为 0.000 1 即可，比如我们首先计算 400.000 0，然后计算样本量为 400.000 1，……，一直到 467.809 5，发现 $\beta=0.05$ 时停止搜索过程。虽然这个过程看上去很缓慢，但是通过最优化方法计算机可以很快完成这个搜索过程；同时由于我们实际用到的样本数不可能为小数，因此当计算机给出最小样本量为 $n=467.809\ 5$ 时，我们往往说最小样本量 $n=468$。

通过以下几个命令，读者可以自行验证我们刚才说的：给定 α、β、n、ES 中的任意 3 个都可以求出另外 1 个，如下几个命令结果所示：

（a）给定 α、n、ES 求 n：

```
> pwr.norm.test(d=-2/12,sig.level=0.05,n=467.8095)

     Mean power calculation for normal distribution with known variance

              d = 0.1666667
              n = 467.8095
      sig.level = 0.05
          power = 0.95
    alternative = two.sided
```

（b）给定 β、n、ES 求 α：

```
> pwr.norm.test(d=-2/12,sig.level=NULL,n=467.8095,power=0.95)

     Mean power calculation for normal distribution with known variance

              d = 0.1666667
              n = 467.8095
      sig.level = 0.04997308
          power = 0.95
    alternative = two.sided
```

（c）给定 α、β、n 求 ES：

```
> pwr.norm.test(sig.level=0.05,n=467.8095,power=0.95)

     Mean power calculation for normal distribution with known variance

              d = 0.166671
              n = 467.8095
      sig.level = 0.05
          power = 0.95
    alternative = two.sided
```

　　实际应用当中，我们不太可能知道备择假设分布曲线所在位置，即我们不太可能知道 ES。在我们的例子中，原假设为该学院学生 IQ 平均值等于 120，备择假设为该学院学生 IQ 平均值不等于 120，但是不等于 120 并不意味着就等于 118，而是可能等于 117，116，…，122，126 等有多种可能。如果你既不想犯第一类错误，也不想犯第二类错误，进而想把犯这两种错误的可能性分别控制在 5% 以内，而又不知道备择假设对应总体的分布曲线在什么位置，为了得到最小样本量 n，你不得不对其位置作出某种估计，比如你根据经验认为该学院学生的 IQ 平均值至少在 100，但不太可能到 120 这么高，最多也就 115，最有可能在 110 左右，标准差还是为 12。这时，你估计出了 3 个效应量，分别为：$(100 - 120)/12 = -1.667$，$(115 - 120)/12 = -0.417$ 和 $(110 - 120)/12 = -0.833$，于是你使用刚刚介绍的方法计算出 3 个最小样本量，如下：

```
> pwr.norm.test(d=-1.667,sig.level=0.05,power=0.95)

     Mean power calculation for normal distribution with known variance

              d = 1.667
              n = 4.676218
      sig.level = 0.05
          power = 0.95
    alternative = two.sided

> pwr.norm.test(d=-0.417,sig.level=0.05,power=0.95)

     Mean power calculation for normal distribution with known variance

              d = 0.417
              n = 74.72991
      sig.level = 0.05
          power = 0.95
    alternative = two.sided

> pwr.norm.test(d=-0.833,sig.level=0.05,power=0.95)

     Mean power calculation for normal distribution with known variance

              d = 0.833
              n = 18.72736
      sig.level = 0.05
          power = 0.95
    alternative = two.sided
```

于是,你分别得到 3 个最小样本量。在最激进的情况下,你判断这个学院学生的 IQ 均值只是 100 左右,为了验证你的想法,你只需要随机选取 5 个学生进行 IQ 测试,如果这 5 个学生样本的 IQ 均值落在 $(120-1.96\times12/\sqrt{5}, 120+1.96\times12/\sqrt{5})=(109.48, 130.52)$ 之外,那么你就可以说该院长撒谎,同时还能保证你犯第二类错误的概率小于等于 5%。在最保守的情况下,你判断这个学院学生的 IQ 均值可能有 115 左右,为了验证你的想法,你可能需要多花点力气,做一番更深入的调查,随机选取 75 个学生进行 IQ 测试,如果这 75 个学生样本的 IQ 均值落在 $(120-1.96\times12/\sqrt{75}, 120+1.96\times12/\sqrt{75})=(117.28, 122.72)$ 之外,那么你就可以说该院长撒谎,同时还能保证你犯第二类错误的概率小于等于 5%。或者你认为第一种办法太过于激进,而第二种有太过于保守,你也没有那么多闲工夫,于是你决定采用第三种策略:设定这个学院学生的 IQ 均值可能有 115 左右,于是根据以上计算结果随机选取 20 个学生进行 IQ 测试,如果这 20 个样本的 IQ 均值落在 $(120-1.96\times12/\sqrt{20}, 120+1.96\times12/\sqrt{20})=(114.74, 125.26)$ 之外[①],那么你就可以说该院长撒谎,同时还能保证你犯第二类错误的概率小于等于 5%。因此,我们在实际应用中计算最小样本量时,往往需要预估效应量,然后根据效应量计算对应的最小样本量,在此基础上综合权衡利弊得失,选择最佳方案。这样的一种分析计算过程可以让我们对于自己的判断是否可靠有了更系统的、深入的认识,因而能让我们对自己的决策更有信心。

通过例 2.1 中方差已知的例子,我们知道了样本量在同时减小两种错误概率的作用,我们还知道了给定 α、β、n、ES 中的任意 3 个都可以求出另外 1 个。但是实际应用中,方差很少是已知的。比如,在例 2.2

---

① 这里计算结果和 2.6 节中 20 个样本的条件下有很小的出入,为计算过程中四舍五入误差导致,并非方法有错。

中,学院院长声称该学院学生的智商是均值 μ 为 120 的正态分布,标准差 σ 未知。假设你对该院长的说法持怀疑态度,认为其均值不会这么高,但方差差别不大,都为未知的 σ。并且随机选取若干个学生测试他们的 IQ,然后据此做出推断。你想把第一类错误和第二类错误的概率都控制在 5%,并假设备择假设与原假设对应总体的差异是 $d = 0.833$ 个标准差。这时,给定 α、β、n、ES 中的任意 3 个依然可以求出另外 1 个,其原理虽然与方差已知时大同小异,但是具体计算方法有所不同,因此对应的计算机程序或者命令也应该与前面的 pwr. norm. test 有所区别。通过例 2.2,我们甚至可以猜想新的命令名称也许就是 pwr. t. test;因为当方差未知时,我们用的就是 t 分布,而不是正态(normal)分布。是的,R 环境中 pwr 包的确有一个命令 pwr. t. test 专门用来处理类似情况。我们不再详细、深入介绍其计算方法和过程,相信通过前面方差已知的情形,你已经深入理解了为何给定 α、β、n、ES 中的任意 3 个依然可以求出另外 1 个。这里我们直接调用命令进行计算,如下:

```
> pwr.t.test(d=-0.833,sig.level=0.05,power=0.95,type="one.sample")

     One-sample t test power calculation

              n = 20.75524
              d = 0.833
      sig.level = 0.05
          power = 0.95
    alternative = two.sided
```

在该例的 pwr. t. test 命令中,除了 type=“one. sample”之外,其他与前面方差已知时没有区别,“one. sample”代表单样本 t 检验的意思,即我们想通过从单个总体中随机抽取若干样本,通过这些样本对该总体的均值是否为某一个具体值进行判断。在前面的例 2.2 中图(2.12)我们已经接触过这一名词。从该命令的输出结果可以看到,如果备择假设和原假设对应总体的均值差异在 0.833 个标准差,而你想控制两类错误的概率都在 0.05，那么至少需要随机从该学院找 21 个样本才行。对比方差已知情况下只需要 19 个样本，这里多了两个；也比较好理解，由于方差未知，我们需要更多的样本提供足够的信息才能做出相对准确的判断。

在知道需要至少 21 个样本之后，你觉得这个规模的样本量还可以接受，决定随机找 25 个学生测试他们的 IQ。拿到这 25 个学生的 IQ 测试分数之后，你就使用例 2.2 中图 2.12 的单样本 t 检验方法对假设进行检验，最后根据 t 统计量是否落在接受域就可以对原假设进行判断，决定保留原假设，亦或拒绝它；或者把 p 值跟你选取的显著性水平进行比较，然后决定在多大的显著性水平下对假设进行判断。

2.12　几种常见的假设检验

通过单样本 t 检验我们搞清楚了一系列与假设检验相关的重要概念和问题，比如什么是假设检验、有哪几种假设类型、什么是显著性水平以及与 p 值的关系，如何根据两类错误的概率和效应量决定最小样本量等。这些概念和相关的基本思想对于我们理解其他类型的假设检验至关重要。有了这些基础，以后我们只要看到 p 值就应该马上想到这是一个假设检验，马上想到什么是原假设、什么是备择假设，以及我们可以在多大的显著性水平下拒绝原假设。一般地，在不同的应用场合下面都有不同的假设，对应的假设检验过程都不一样。最常用的是三种基本的假设检验：单样本 t 检验、独立样本 t 检验以及配对样本 t 检验。

2.12.1　单样本 t 检验

单样本 t 检验一般用在检验某个特定群体（总体）均值是否等于某个预设的经验值或者标准值的场合。比如，金（Kim）等使用单样本 t 检验比较了自闭症儿童中的情绪和焦虑水平与正常儿童的平均水平之间的差异[1]。他们选取了 40 个患有自闭症的儿童,测量了这 40 个儿童样本在抑郁、焦虑等指标的值,发现:假如这 40 个儿童是来自总体在这些指标上的均值与正常儿童群体的均值没有差异,那么其对应的 t 统计量所对应的 p 值小于 0.001,因此可以在 0.001 的显著性水平上拒绝"这些儿童是来自总体的抑郁、焦虑的均值与正常儿童群体没有差异"的原假设。因此,Kim 等的研究通过有限的样本证明了一个更为普遍的结论:自闭症儿童中的情绪和焦虑水平与正常儿童的平均水平存在显著差异。该研究所使用的统计方法就是单样本 t 检验。

此外,单样本 t 检验还广泛地应用于质量检测领域,比如通过样本判定总体的质量是否达标。由于标准是一个具体的值,因此通过抽样的方法我们能判定样本所来自的总体均值是否跟标准偏离太远。看下面的例子:

例 2.3 一个顾客买了一包标称 500 g 的糖,觉得分量不足,于是找到监督部门。于是监督部门就去商店随机称了 50 包红糖(数据见 sugar. sav);得到均值(平均重量)是 498.35 g;假定该商店糖的总体为正态分布,这个结果是否能够说明商店的这批糖(总体)的平均重量不足 500 克呢?

根据假设检验的逻辑,原假设和备择假设分别为:

H_0:该商店糖是足称的,即 $\mu \geqslant 500$。

H_1:该商店糖不足称,即 $\mu < 500$。

打开数据文件 sugar. sav,选择"比较均值"中的"单样本 t 检验",弹出如下"单样本 t 检验"界面。因为该商店声称其糖的重量为 500,因此设置"检验值"为 500。由于 SPSS 中不区分双尾检验和单尾检验,因此这

① Kim, J. A. , Szatmari, P. , Bryson, S. E. , Streiner, D. L. , & Wilson, F. J. The prevalence of anxiety and mood problems among children with autism and Asperger syndrome[J]. *Autism*, 2000, 4(2), 117 - 132.

里默认就是双尾检验。即图 2.28 中对应的检验实际上是如下的原假设和备择假设：

H_0：该商店糖是足称的，即 $\mu = 500$。

H_1：该商店糖不足称，即 $\mu \neq 500$。

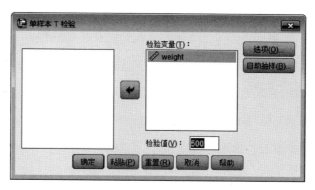

图 2.28

点击图 2.28 中的"确定"按钮，在输出窗口中得到如图 2.29 结果：

	个案数	平均值	标准 偏差	标准 误差平均值
weight	50	498.3472	4.33466	.61301

（a）单样本统计

	t	自由度	Sig.（双尾）	平均值差值	差值 95% 置信区间 下限	上限
weight	-2.696	49	.010	-1.65280	-2.8847	-.4209

（b）单样本检验

图 2.29　检验值 = 500

我们看到图 2.29 中的 p 值为 0.01，因此在 0.05 的显著性水平下拒绝"H_0：该商店糖是足称的，即 $\mu = 500$"的原假设。但是，我们原来的原假设和备择假设并非这个非方向性假设，对应的应该是单尾检验。根据前面的说法（参考 2.9.3 节），只需要将双尾检验所得 p 值除以 2 即得到单尾检验的 p 值，也就是单尾检验的 p 值应该为 $0.01/2 = 0.005$，也就是在

0.05 的显著性水平下,我们一样可以拒绝"H_0:该商店糖是足称的,$\mu \geqslant$ 500"的原假设。

为了更深入理解这一点的原理,我们再次回到假设检验的逻辑原点,即:假如"H_0:该商店糖是足称的,即 $\mu \geqslant 500$"会发生什么,会有哪些必然的逻辑推论。根据常识,如果 $\mu \geqslant 500$,那么样本均值 $\overline{X}$ 不应该比 500 小太多,如果 $\overline{X}$ 比 500 小太多那么我们就有理由拒绝 $\mu \geqslant 500$ 的假设。根据 2.6 节和 2.7 节中逻辑,这里关键的问题是要找到一个临界值 C,如果样本均值 $\overline{X} < C$,那么我们就拒绝原假设 $\mu \geqslant 500$;同时,我们所找的这个临界值 C 要保证当原假设 $\mu \geqslant 500$ 成立时,$\overline{X} < C$ 发生的概率不超过给定的显著性水平,比如 0.05。该目标可概括为:

$$Probability\ of\ (\overline{X} < C) < 0.05, \qquad (2.7)$$

如果:$\overline{X}$ 是均值 $\mu \geqslant 500$ 正态总体的样本均值。

由于:

$$Probability\ of\ (\overline{X} < C)$$
$$= Probability\ of\ \left(\frac{\overline{X} - \mu}{s/\sqrt{n}} < \frac{C - \mu}{s/\sqrt{n}}\right) \qquad (2.8)$$

且统计量 $\dfrac{\overline{X} - \mu}{s/\sqrt{n}}$ 为自由度为 49 的 t 分布(此例中的样本量为 50,因此对应 t 分布的自由度为 $50 - 1 = 49$,其密度函数图像如图 2.30),因此上式中概率可表示为图 2.30 中的阴影部分面积,即 $\dfrac{C - \mu}{s/\sqrt{n}}$ 左边的面积。图 2.30 表明:当 C 给定时,该概率随着 μ 的增加而减小。

因此,如果:

$$Probability\ of\ \left(\frac{\overline{X} - 500}{s/\sqrt{n}} < \frac{C - 500}{s/\sqrt{n}}\right) = 0.05 \qquad (2.9)$$

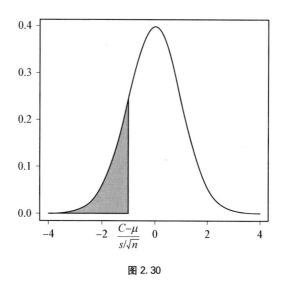

图 2.30

那么对于任何 $\mu > 500$，都有：

$$Probability \text{ of } \left(\frac{\overline{X} - \mu}{s/\sqrt{n}} < \frac{C - \mu}{s/\sqrt{n}} \right) < 0.05 \qquad (2.10)$$

式(2.9)意味着 $\dfrac{C - 500}{s/\sqrt{n}}$ 是自由度为 49 的 t 分布的 5% 分位数，即

$t_{49}(0.05) \approx -1.67$ [①]，因此：

$$\frac{C - 500}{s/\sqrt{n}} = t_{49}(0.05) \approx -1.67 \qquad (2.11)$$

式(2.11)意味着式(2.7)中未知的常数 C 为：

$$C = 500 + \frac{s}{\sqrt{n}} t_{49}(0.05) \approx 500 - 1.67 \frac{s}{\sqrt{n}} \qquad (2.12)$$

也就是说，根据前面的分析，我们可以得到如下的决策规则：当我们拿到 n 样本后，可以通过样本计算得到样本均值 $\overline{X}$ 和样本标准差 s，如果 $\overline{X} <$

① 利用计算机可以很快求出 $t_{49}(0.05) \approx -1.676551$。

$C=500-\dfrac{s}{\sqrt{n}}t_{49}(0.05)\approx500-1.67\dfrac{s}{\sqrt{n}}$，那么我们就拒绝 $\mu\geqslant500$ 的原

假设。该决策规则能保证实际总体均值为 $\mu\geqslant500$ 但被错误拒绝的概率

小于 0.05。

这个规则可以写成与我们之前分析过的双尾假设更为相似的情形，

即：根据样本计算统计量 $T=\dfrac{\overline{X}-500}{s/\sqrt{n}}$ 时，如果 $T<t_{49}(0.05)$，我们就拒

绝 $\mu\geqslant500$ 的原假设。图 2.31 中给出了该规则的接受域和拒绝域（左边

阴影部分），如下：

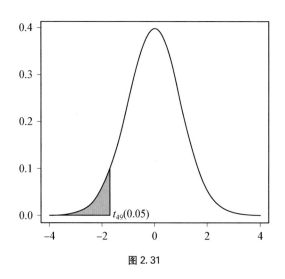

图 2.31

图 2.31 中的曲线是自由度为 49 的 t 分布，左下侧阴影部分对应的

小于 -1.67 的区域为拒绝域，这与我们在前面讨论单尾双尾检验时所说

的结论是一致的，即双尾检验的拒绝域在两边，且两边面积加起来等于

显著性水平；单尾检验的拒绝域在一侧，且该侧面积要等于设定的显著

性水平。从图 2.29 中我们看到 $T=\dfrac{\overline{X}-\mu}{s/\sqrt{n}}=\dfrac{498.347\,2-500}{4.334\,66/\sqrt{50}}=$

$-2.696\,189$，即图 2.30 中的 t 值 -2.696，落在了拒绝域，所以在 0.05 的

显著性水平上拒绝原假设。

与我们前面讨论 p 值一样,这里也可以先不确定显著性水平,而是直接先算出－2.696 左边的面积作为所谓 p 值,然后比较 p 值与 0.05 的大小,从而对原假设进行判定。如果 p 小于 0.05,那么意味着 t 落在了0.05 显著性水平对应的拒绝域内,因此拒绝原假设;如果 p 大于 0.05,那么意味着 t 落在了 0.05 显著性水平对应的接受域内,因此保留原假设。利用计算机,我们可以方便地计算出该例中－2.696 左边的阴影面积,即 p 值,大约为 0.004 79;因此如果原假设是双尾的,那么其 p 值为0.004 79×2＝0.009 58。当保留两位小数时就是我们在图 2.29 中看到的 0.01。反过来讲,图 2.29 中的 0.01 其实是这么算出来的:先计算 $T = \dfrac{\overline{X} - \mu}{s/\sqrt{n}} = \dfrac{498.347\,2 - 500}{4.334\,66/\sqrt{50}} = -2.696\,189$,由于是双尾检验,因此再根据$T = -2.696$ 计算图 2.32 中两侧的面积,作为 p 值:

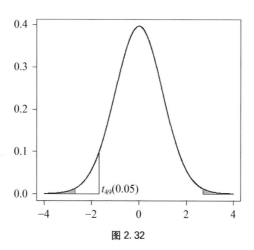

图 2.32

显然,当软件给出的 p 值为上图 2.32 中的双尾检验 p 值,而我们要做的单尾假设检验时,只需要将双尾检验的 p 值除以 2 即得到所需的单尾检验 p 值。需要注意的是,仅仅将双尾检验中的 p 值除以 2 得到单尾

检验的 p 值还无法判定是否可以拒绝原假设。还是以称糖为例，如果其他条件不变，样本均值为 $500+(500-498.3472)=501.6528$ (相当于把每包糖加上 1.6528 克)，那么双尾检验的 p 值将还是等于 $0.00479\times2=0.00958$。这时为了得到单尾检验的 p 值，将 $0.00958/2=0.00479$，也是小于 0.05，但是这时我们不能拒绝"H_0：该商店糖是足称的，$\mu\geqslant500$"的原假设，因为样本均值明显大于 500。如果原假设是 $\mu\leqslant500$，倒是可以拒绝该假设。所以，在根据 SPSS 给出的双尾 p 值判定单尾假设时，除了将输出结果中的 p 值除以 2，并比较其与显著性水平的大小之外，还需要看样本均值是否与原假设相反。

从上面的分析过程中，我们也看到一个事实，如果原假设和备择假设为如下的形式：

$H_0: \mu\geqslant500$

$H_1: \mu<500$

制定检验规则时，其实只需以 $\mu=500$ 为临界点进行分析即可，对于 $\mu=501, 502, \cdots, 600, \cdots$，可以不用分析。因此，有时候我们也看到单尾假设写成如下的形式：

$H_0: \mu=500$

$H_1: \mu<500$

这样写有其好处，比如在我们的例子中，虽然逻辑上我们认为与备择假设 $\mu<500$ 相对的原假设应该是 $\mu\geqslant500$，但是商店或者生产商没有动机生产远超出其标称质量的商品，因此，$\mu=500$ 作为"该商店糖是足称的"的表示比 $\mu\geqslant500$ 更为符合事实一些。

2.12.2 独立样本 t 检验

也许你根本不关心学生总体的 IQ 是否真的等于某人所说的 120，相对于具体的某个 IQ 值，你更关心某些群体之间 IQ 是否存在差异，或者他们的体质水平存在差异。这时,你可能还是很难获得总体数据,只能通过抽样的方法估计两个总体的均值是否存在显著差异。这就是所谓的独立样本 t 检验,之所以叫这个名字是因为相对于单样本 t 检验,这里存在两个未知均值的总体,为了比较它们的均值(分别记为 μ_1 和 μ_2)是否存在显著差异,我们分别独立地随机从这两个总体中抽样,根据样本判断如下的原假设和备择假设:

$\mathrm{H}_0 : \mu_1 = \mu_2$

$\mathrm{H}_1 : \mu_1 \neq \mu_2$

假如我们获取了总体 1 的 n_1 个样本和总体 2 的 n_2 个样本,其样本均值和标准差分别记为 $\bar{x}_1$ 和 s_1 以及 $\bar{x}_2$ 和 s_2。直觉上,如果两个样本的均值差异太大,我们就有理由拒绝 $\mu_1 = \mu_2$。但是何谓太大,我们需要有定量的判断方法。与单样本 t 检验一样,我们要推演出某个与样本的均值差 $\bar{x}_1 - \bar{x}_2$ 有关的统计量,并推演出该统计量的概率分布,然后根据概率分布制定判断规则;实际应用中,可能还需要根据该规则、预期的效应量和允许的第二类错误概率计算最小样本容量。

统计学家已经发现:如果分别从均值为 μ_1、μ_2,方差均为 σ^2 的两个正态总体中随机地采样 n 个和 m 个样本,分别记为 $X_j, j = 1, \cdots, n$ 和 $Y_i, i = 1, \cdots, m$,那么如下统计量

$$\sqrt{\frac{mn(m+n-2)}{m+n}} \left((\bar{X} - \bar{Y}) - (\mu_1 - \mu_2) \right) \Big/ \left(\sum_{j=1}^{n} (X_j - \bar{X})^2 + \sum_{i=1}^{m} (Y_i - \bar{Y})^2 \right)^{1/2}$$

$$(2.13)$$

的抽样分布为自由度为 $m+n-2$ 的 t 分布,其中 $\bar{X}$ 表示样本 $X_j (j = 1, \cdots, n)$ 的均值,$\bar{Y}$ 表示样本 $Y_i (i = 1, \cdots, m)$ 的均值。如果原假设 $\mu_1 = \mu_2$ 成立,那么式(2.13)就变成

$$\sqrt{\frac{mn(m+n-2)}{m+n}} (\bar{X} - \bar{Y}) \Big/$$

$$\left(\sum_{j=1}^{n} (X_j - \overline{X})^2 + \sum_{i=1}^{m} (Y_i - \overline{Y})^2 \right)^{1/2} \qquad (2.14)$$

令上式(2.14)的计算结果为 T，如果 $\mu_1 = \mu_2$，那么 T 应该以很大的概率在自由度为 $m+n-2$ 的 t 分布中心附近波动。换而言之，如果 T 离开自由度为 $m+n-2$ 的 t 分布中心太远，我们就有理由认为原假设不成立，且能保证这么判断犯第一类错误的概率在一定的显著性水平，比如 $\alpha = 0.05$。如果显著性水平 $\alpha = 0.05$，我们只需选取 $t_{m+n-2}(0.025)$ 和 $-t_{m+n-2}(0.025)$ 作为接受域的边界点，此时，判断规则如下：

规则　如果 $t_{m+n-2}(0.025) < T < -t_{m+n-2}(0.025)$，则保留原假设；否则，拒绝原假设。

该规则能保证 $\mu_1 = \mu_2$ 成立但被否决的概率为 5%。该规则对应的拒绝域如图 2.33 所示：

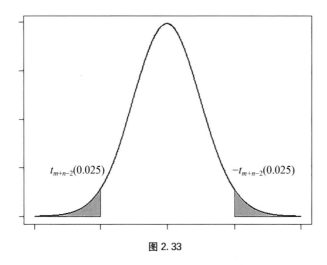

图 2.33

同样地，我们也可以不采用预先定义显著性水平的方式，而是先通过 T 计算对应的双尾检验 p 值，再把 p 值与显著性水平进行比较，从而对双尾假设进行判断。如果原假设是单尾的，那么也可参考之前的方法进行，这里不再赘述。

　　细心的读者可能发现一个问题，式(2.13)中我们假设了方差相等，如果方差不相等是否也可以对原假设进行检验？答案是可以的。方差不等时的检验原理和式(2.13)大同小异，但具体公式会有些许差别，从应用的角度来看，没有必要对此深究。在进行独立样本 t 检验时，一般默认方差不等，然后采用与式(2.13)类似的原理对原假设进行检验，比如 R 软件中的 t. test 命令。在 SPSS 中，一般会先对两个独立样本对应总体的方差是否相等进行检验，原假设为方差相等，备择假设为方差不等。如果方差相等的原假设被拒绝，那么就采用方差不等的统计量对总体均值相等进行检验；如果方差相等的原假设没有被拒绝，那么就采用式(2.13)对总体均值相等的原假设进行检验。

　　对两个总体方差是否相等进行检验与对总体均值进行检验的原理一样，只是采用了统计量有所差异。直观上，如果两个总体的方差相等，那么对应的样本方差应该差别不大，样本方差之比应该接近 1。如果样本方差之比远低于或者远高于 1，那么就有理由相信对应总体的方差不等，从而拒绝方差相等的原假设。统计学家已经证明了以下结论。

　　如果分别从均值为 μ_1、μ_2，方差均为 σ^2 的两个正态总体中随机地采样 n 个和 m 个样本，分别记为 $X_j, j=1, \cdots, n$ 和 $Y_i, i=1, \cdots, m$，那么如下统计量

$$F = \frac{s_2^2/\sigma_2^2}{s_1^2/\sigma_1^2} = \Big(\sum_{j=1}^{m} (Y_j - \overline{Y})^2 / ((m-1)\sigma_2^2) \Big) \Big/$$

$$\Big(\sum_{i=1}^{n} (X_i - \overline{X})^2 / ((n-1)\sigma_1^2) \Big) \tag{2.15}$$

的抽样分布为自由度为 $m-1, n-1$ 的 F 分布。不同自由度的 F 分布的形状如图 2.34 所示：

　　在方差相等（即 $\sigma_1^2 = \sigma_2^2$）的原假设下，检验统计量 F 如下：

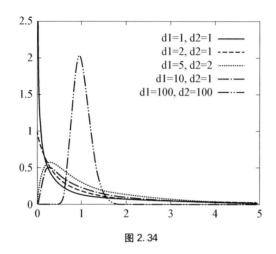

图 2.34

$$F = \frac{s_2^2}{s_1^2} = \Big(\sum_{j=1}^{m} (Y_j - \overline{Y})^2 / (m-1) \Big) \Big/ \Big(\sum_{i=1}^{n} (X_i - \overline{X})^2 / (n-1) \Big)$$

$$(2.16)$$

可以看出，这时式(2.16)完全由两个总体的 $m + n$ 个样本决定。只要两个总体服从正态分布，这个检验统计量就是自由度为 $m-1$ 和 $n-1$ 的 F 分布。一旦我们知道两个样本方差之比的抽样分布，就可以仿照独立样本 t 检验的方法找到一个与原假设和显著性水平对应的接受域，我们记为 $(F_{m-1,\,n-1}(\alpha/2), F_{m-1,\,n-1}(1-\alpha/2))$，并据此制定如下判断规则：

规则　如果统计量 s_1^2/s_2^2 在区间 $(F_{m-1,\,n-1}(\alpha/2), F_{m-1,\,n-1}(1-\alpha/2))$，那么保留总体方差相等的原假设；否则，拒绝方差相等的原假设。

结合以上方差检验的原理，我们通过几个例子对独立样本 t 检验进行说明。

例 2.4　为了比较两个地区的数学教学质量，从这两个地区中分别抽取 8 名学生的成绩进行比较，具体数据如表 2.3 所示：

表 2.3

地区 A	85	87	56	90	84	94	75	79
地区 B	80	79	58	90	77	82	75	65

假定样本对应总体服从正态分布，请问这两个地区成绩总体的均值有显著差异吗？

先看如何使用 SPSS 回答该问题。然后，我们再使用前面介绍的原理解读 SPSS 输出的结果。首先，在 SPSS 的数据输入窗口输入并定义这些数据，并将数据整理成如下的格式，如图 2.35（详见数据文件"独立样本 t 检验. sav"）：

(a)

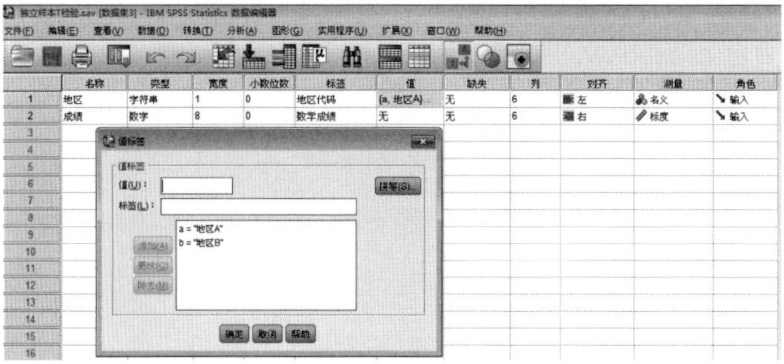

(b)

图 2.35

然后,在"分析"菜单的"比较均值"中选择"独立样本 t 检验",并在弹出"独立样本 t 检验"界面中先按照图 2.36(a)所示进行设置,此时"确定"按钮为灰色,不能使用;需要单击"定义组"并在弹出界面图 2.36(b)进行图示的设置后,单击"继续"返回到"独立样本 t 检验"界面,"确定"按钮才可以使用。

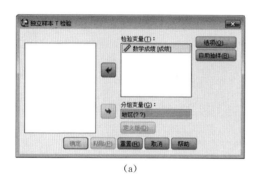 

(a)   (b)

图 2.36

在图 2.36 中单击"确定",输出窗口中得到如图 2.37 所示的结果:

	地区代码	个案数	平均值	标准 偏差	标准 误差平均值
数学成绩	地区A	8	81.25	11.805	4.174
	地区B	8	75.75	10.025	3.544

(a) 组统计

		莱文方差等同性检验		平均值等同性t检验					差值 95% 置信区间	
		F	显著性	t	自由度	Sig. (双尾)	平均值差值	标准误差差值	下限	上限
数学成绩	假定等方差	.104	.752	1.004	14	.332	5.500	5.476	-6.244	17.244
	不假定等方差			1.004	13.642	.333	5.500	5.476	-6.273	17.273

(b) 独立样本检验

图 2.37

从图 2.37"独立样本检验"中可以看到,在进行"平均值等同性 t 检验"之前,首先进行了所谓"莱文方差等同性检验"。输出结果有两行,第一行为"假定等方差"为原假设;第二行为"不假定等方差",为备择假设。我们看到在"假定等方差"行的 F 统计量为 0.104,对应的 p 值为 0.752。因为 0.752>0.05,因此在 0.05 的显著性水平下无法拒绝方差相等的原假设。于是后面的独立样本 t 检验采用式(2.14)的方差相等的形式。从图 2.36"独立样本检验"中可以看到,根据式(2.14)所得 t 统计量大小为 1.004,且对应的 t 分布自由度为 $8+8-2=14$,因此 1.004 在自由度为 14 的 t 分布中对应的双尾 p 值为 0.332。由于 0.332>0.05,因此在 0.05 的显著性水平下无法拒绝均值相等的原假设。

细心的读者从图 2.37 中解读出更多的信息,例如地区 A 的样本均值为 81.25,样本标准差为 11.805,地区 B 的样本均值为 75.75,样本标准差为 10.025,把这些数值代入式(2.14)可得式(2.14)中的 t 统计量为 1.004 457,与图 2.37 中的 t 统计量一致,这说明 SPSS 中独立样本 t 检验采用了与我们介绍原理一致的方法。如果读者进一步深究,会发现 SPSS 中检验方差相等假设时与我们介绍的具体算式(2.16)不一致,因为我们发现两个样本的方差之比并非等于 0.104,而是 $11.805^2/10.025^2=1.38$。这是由于 SPSS 中采用了所谓的"莱文方差等同性检验",其具体计算过程与式(2.16)有些差异,因此具体数值会有差异。这里我们不介绍莱文方差检验的具体计算过程,借助于开源统计计算软件 R 中的方差相等检验命令 var.test,我们可以对该例中的数据的总体方差是否相等进行检验,得到与式(2.16)一致的结果,如下:

```
> var.test(c(85,87,56,90,84,94,75,79),c(80,79,58,90,77,82,75,65))

        F test to compare two variances

data:  c(85, 87, 56, 90, 84, 94, 75, 79) and c(80, 79, 58, 90, 77, 82, 75, 65)
F = 1.3866, num df = 7, denom df = 7, p-value = 0.6771
alternative hypothesis: true ratio of variances is not equal to 1
95 percent confidence interval:
 0.2776103 6.9261321
sample estimates:
ratio of variances
          1.386638
```

从该结果中,我们可以看到 R 的 var.test 使用了与我们介绍方法一致的统计量对方差相等进行检验,F 统计量为 1.38;且得到的 p 值与 SPSS 中相差不大,R 中为 0.677 1,而 SPSS 中为 0.752。如果显著性水平为 0.05,这两种方法得到的结论是一样的：在 0.05 的显著性水平下不能拒绝方差相等的原假设。

一般来讲,检验一个假设存在多个不同的方法,并非只有一种,得到的具体结果也会有所差异。对于初学者,在搞清楚原理的基础上,一般使用软件中某种常用的方法即可。在某些严格的场合,我们为了结果的可靠性,可能使用多种方法进行检验,如果有一种拒绝原假设,我们就拒绝原假设。

搞清楚了独立样本 t 检验的一般原理和具体方法,现在我们回到 BMI 的例子。假设我们不知道总体中男女生的 BMI 平均值分别是多少,现在通过随机抽样的方法对男女生 BMI 总体均值是否存在差异进行判断。原假设和备择假设如下：

H_0：男生 BMI 均值与女生 BMI 均值不存在差异

H_1：男生 BMI 均值与女生 BMI 均值存在差异

记男生 BMI 总体均值和女生 BMI 总体均值分别为 μ_M 和 μ_F,以上两个假设又可写为：

$H_0 : \mu_M = \mu_F$

$H_1 : \mu_M \neq \mu_F$

采用我们前面介绍的方法,利用 SPSS 中的"数据"—"选择个案"功能从总体中随机抽取 60 个样本,如图 2.38 所示：

(a)　　　　　　　　　(b)

图 2.38

然后利用独立样本 t 检验对以上假设进行判断，如图 2.39 所示：

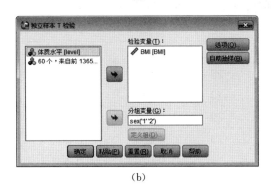

（a）

（b）

图 2.39

单击图 2.39(b)中"确定"按钮，输出结果如图 2.40 所示：

	性别	个案数	平均值	标准 偏差	标准 误差平均值
BMI	男	27	20.07	4.094	.788
	女	33	18.30	3.302	.575

（a）组统计

		莱文方差等同性检验		平均值等同性 t 检验					差值 95% 置信区间	
		F	显著性	t	自由度	Sig.（双尾）	平均值差值	标准误差差值	下限	上限
BMI	假定等方差	2.731	.104	1.855	58	.069	1.771	.955	-.140	3.682
	不假定等方差			1.816	49.621	.075	1.771	.975	-.188	3.730

（b）独立样本检验

图 2.40

我们可以看出"莱文方差等同性检验"对应的 p 值为 0.104，对应的

"平均值等同性 t 检验"的 p 值为 0.069。因此，根据这个结果，在 0.05 的显著性水平下无法拒绝均值男女 BMI 总体均值无差异的原假设。

但实际上，我们已经知道男生 BMI 总体均值 $\mu_M = 19.09$，女生 BMI 总体均值 $\mu_F = 17.61$，因而事实上存在差异；不仅如此，他们的方差也存在差异，一个为 13.89，一个为 9.89。这里通过一次随机抽样在 0.05 的显著性水平下没能检查出总体方差和均值上的差异。因此，我们犯了第

表 2.4　重复 20 次得到的结果

次数	男生样本数	女生样本数	方差检验 p 值	对应均值检验 p 值	第二类错误？
1	34	26	0.891	0.376	是
2	37	23	0.456	0.144	是
3	32	28	0.687	0.743	是
4	40	20	0.710	0.067	是
5	31	29	0.283	0.129	是
6	35	25	0.888	0.600	是
7	34	26	0.529	0.492	是
8	39	21	0.204	0.065	是
9	30	30	0.422	0.068	是
10	28	32	0.526	0.332	是
11	32	28	0.717	0.007	否
12	30	30	0.472	0.059	是
13	29	31	0.093	0.833	是
14	35	25	0.39	0.483	是
15	34	26	0.013	0.003	否
16	32	28	0.002	0.048	否
17	33	27	0.503	0.143	是
18	35	25	0.267	0.114	是
19	26	34	0.116	0.045	否
20	32	28	0.061	0.056	是

二类错误。如果我们重复这个过程，每次都采用 0.05 的显著性水平，重复 20 次得到的结果，如表 2.4 所示。

　　从表 2.4 中看到，20 次检验当中有 4 次判断正确，正确率为 $4/20 \times 100\% = 20\%$，犯第二类错误的概率为 80%。其中，第 15 次、16 次的随机样本在 0.05 的显著性水平下拒绝了方差相等的原假设。由于事实上方差存在差异，因此，在 0.05 显著性水平下方差检验的正确率为 $2/20 \times 100\% = 10\%$。第 15、16 次的结果如图 2.41 所示。

组统计

	性别	个案数	平均值	标准 偏差	标准 误差平均值
BMI	男	32	18.63	3.608	.638
	女	28	17.07	2.276	.430

独立样本检验

		莱文方差等同性检验		平均值等同性t检验					差值95% 置信区间	
		F	显著性	t	自由度	Sig.（双尾）	平均值差值	标准误差差值	下限	上限
BMI	假定等方差	10.553	.002	1.961	58	.055	1.554	.792	-.032	3.139
	不假定等方差			2.020	53.019	.048	1.554	.769	.011	3.096

（a）第 16 次随机抽样的检验结果

组统计

	性别	个案数	平均值	标准 偏差	标准 误差平均值
BMI	男	34	19.50	4.280	.734
	女	26	16.85	2.257	.443

独立样本检验

		莱文方差等同性检验		平均值等同性t检验					差值95% 置信区间	
		F	显著性	t	自由度	Sig.（双尾）	平均值差值	标准误差差值	下限	上限
BMI	假定等方差	6.602	.013	2.868	58	.006	2.654	.925	.801	4.506
	不假定等方差			3.096	52.248	.003	2.654	.857	.934	4.374

（b）第 15 次随机抽样的检验结果

图 2.41

　　我们知道增加样本量可以减小第二类错误的概率，我们将样本量提高到 200，重复以上过程，拒绝原假设的概率就会变大很多。这体现在我们第一次就拒绝了原假设（当然，如果读者自己测试，则未必第一次就能拒绝原假设；正如前面 60 个样本的情形，有的读者可能第一次就拒绝原假设),结果如图 2.42：

	性别	个案数	平均值	标准 偏差	标准 误差平均值
BMI	男	109	19.68	3.626	.347
	女	91	17.27	2.929	.307

(a) 组统计

		莱文方差等同性检验		平均值等同性t检验					差值 95% 置信区间	
		F	显著性	t	自由度	Sig.（双尾）	平均值差值	标准误差差值	下限	上限
BMI	假定等方差	2.879	.091	5.089	198	.000	2.404	.472	1.472	3.336
	不假定等方差			5.186	197.801	.000	2.404	.464	1.490	3.318

(b) 独立样本检验

图 2.42

我们重复以上随机抽样和独立样本 t 检验过程 9 次,结果如下表
所示：

表 2.5　重复 9 次得到的结果

次数	男生样本数	女生样本数	方差检验 p 值	对应均值检验 p 值	第二类错误?
1	107	93	0.001	0.001	否
2	101	99	0.873	0.021	否
3	112	88	0.014	0.022	否
4	113	87	0.002	0.000	否
5	108	92	0.103	0.004	否
6	108	92	0.006	0.001	否
7	104	96	0.432	0.059	是
8	106	94	0.141	0.004	否
9	108	92	0.797	0.005	否

从表 2.5 中看到,10 次检验当中有 9 次判断正确,正确率为 90%,犯
第二类错误的概率为 10%。其中,第 1、2、4、6 次的随机样本在 0.05 的
显著性水平下拒绝了方差相等的原假设。由于事实上方差存在差异,因
此,在 0.05 显著性水平下方差检验的正确率为 40%。可见,增加样本量
减小了均值和方差判断的错误率,即提高了检验的统计鉴别力。

以上是在总体已知的情况下,通过有限的模拟抽样验证样本量对犯第二类错误概率的影响,实际上我们能计算出给定 α、n、ES 时的第二类错误概率 β。根据我们已知的男女 BMI 总体均值以及标准差,我们计算 ES 为 $(19.09-17.61)/3.727=0.40$,当 $\alpha=0.05$ 时,使用 R 中的命令 pwr. t2n. test 计算不同样本量 $n=60$ 与 $n=200$ 情况下的统计鉴别力,结果如下:

```
> pwr.t2n.test(d=0.40,n1=106,n2=94,sig=0.05)

        t test power calculation

              n1 = 106
              n2 = 94
               d = 0.4
       sig.level = 0.05
           power = 0.8022405
     alternative = two.sided

> pwr.t2n.test(d=0.40,n1=32,n2=28,sig=0.05)

        t test power calculation

              n1 = 32
              n2 = 28
               d = 0.4
       sig.level = 0.05
           power = 0.3302965
     alternative = two.sided
```

这个结果表明,当 $ES=0.4$、$\alpha=0.05$ 时,如果样本量分别为 32 和 28,那么统计鉴别力为 33%;如果样本量分别为 106 和 94,那么统计鉴别力为 80%。这个结果与我们在表 2.4 和表 2.5 中看的基本吻合,但是存在大约 10% 的出入。造成这种出入的原因有 4 个:第一,表 2.4 和表 2.5 中的模拟次数比较少,还不能完全一致地反映真实的出错概率,需要更多的模拟;第二,真实总体并非为正态,只能用在某种程度上用正态分布近似,而 pwr. t2n. test 命令是完全基于总体为正态分布来计算的;其三,pwr. t2n. test 中假设两个总体方差是相等的,但实际上方差不等;第四,为了模拟的简便,我们每次随机抽样时并非完全限制样本数严格等于 32 和 28 以及 106 和 94,而是保证两个样本总数为 60 或者 200,因而每次男女样本数存在一定波动。如果我们要保证 $\beta=0.05$,那么最小样本量为：

```
> pwr.t.test(d=0.40,sig=0.05,power=0.95)

       Two-sample t test power calculation

              n = 163.4006
              d = 0.4
      sig.level = 0.05
          power = 0.95
    alternative = two.sided

NOTE: n is number in *each* group
```

即男生总体和女生总体样本各需要 164 人，最小样本容量至少为 328 人，即大约每 100 个人中抽取 2.5 人左右。注意到我们在给定 α、n、ES 时的第二类错误概率 β 时使用的是 pwr. t2n. test 命令，但是在根据 α、β、ES 估计最小样本量 n 时采用了 pwr. t. test 命令，这两个命令的功能基本相似，不同之处在于 pwr. t. test 假设两组样本量相同，而 pwr. t2n. test 可以分别指定不同的样本量。

2.12.3 使用独立单样本 t 检验验证"处理有效性"的内在逻辑

看上去独立样本 t 检验仅仅比较了两个样本总体均值的大小，和我们的研究似乎并无多大关联，因为我们研究中往往需要知道某种方法是否对某个群体有效，或者某个因素是否真的导致了一些结果的发生；也就是说我们做研究往往是想搞清楚变化之间的因果关联，是什么样的变化导致了另外的变化，这样我们才能通过控制一些因素达到改变或者操纵另外一些结果的能力。比如，我们想知道某企业新员工培训中在线课程是否真的与面对面的课堂教学具有等同的效果，如果效果相同，在线课程可以为我们节省一大笔培训经费，因为在线教学不受场地的限制，录像后可以反复使用，更容易规模化、成本更低。为了知道答案，理想的办法是把让该企业新员工先参加传统的面对面培训，然后对其进行测试，记录下每个新员工的成绩；然后，让时光倒流回新员工参加传统

面对面培训之前,再让这批新员工参加在线培训,然后使用相同的试卷
对其进行测试,记录下每个新员工的成绩。通过比较两次成绩之间的
平均值是否存在差异,判断哪种教学手段更好一些。该方法如图 2.43
所示。

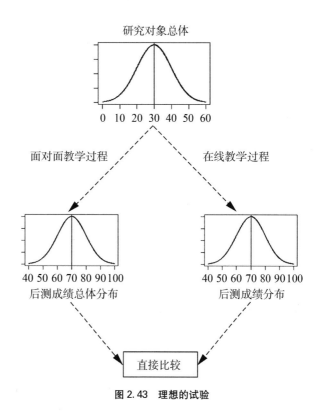

研究对象总体

面对面教学过程　　　　　　　　　在线教学过程

后测成绩总体分布　　　　　　　　后测成绩分布

直接比较

图 2.43　理想的试验

很显然这样的理想试验是不可能的。相对比较容易实现的方案如
图 2.44 实线所示的方案。首先,我们随机选取一部分新员工,并把他们
随机分派到面对面教学课堂和在线课堂,以从概率上保证这两组新员工
除了教学形式不一样之外,其他所有影响培训结果的因素都完全一样。
分组完成之后,先使用难度、区分度相同的试卷对这两组学生进行前
测;经过一段时间的不同方式教学之后,再使用难度、区分度相同的试

卷对这两组学生进行后测。如果利用独立样本 t 检验发现两个样本的前测成绩无显著差异，且独立样本 t 检验发现两个样本的后测成绩也无显著差异，就能说明两种教学方式没有差异。但是，这两组样本对应的总体到底是什么呢？如何把这种情况下的独立样本 t 检验和我们之前的分别有两个明确的总体的独立样本 t 检验联系起来呢？要回答这个问题，还得追本溯源回到理想的"时光倒流"试验情境中，如图 2.45所示。

图 2.45 的下半部分是理想的时光倒流试验情形。在理想的时光倒流试验中，现实总体相当于被拷贝成两个完全相同的"平行"总体，一个进行面对面教学，另一个进行在线教学，之后对这两者进行后测，直接比较这两种情形下后测的平均分即可判断哪种教学方法较好。如果无法获得这两个平行试验结果的总体，也可以对其进行采样，通过独立样本 t 检验判断其各自对应总体均值大小。这都与我们前面所说的独立样本 t 检验的逻辑是一致的。但是，现实中时光不可能被人为操纵，因此这只能是一个思想试验。图 2.45 的上半部分是实际应用中的试验操作过程。在该过程中，首先对总体进行抽样，然后对两组样本分别使用不同的教学方法，最后对两组样本进行后测得到样本的后测成绩。这个实际的操作过程与理想的思想试验方法只有一个差异：实际中我们的培训和测试是针对少量的样本，而思想试验中针对的是两个平行的总体，如果不存在规模效应（也就是由群体规模引起的额外效应），那么如果把对下半部分理想方法进行采样得到的样本放到上半部分用不同方法培训，得到的后测分数结果应该和下面思想试验中完全一样。因此，使用上半部分得到的样本后测成绩对总体进行推断实际上可以看做是下半部分理想试验中利用抽样得到的结果对对应总体均值进行推断的过程。这就解释了为什么通过图 2.45 中上半部分流程得到的试验数据可以用来对"不同教学方法"的有效性进行推断。其实质在于我们假设了我们检验的"方

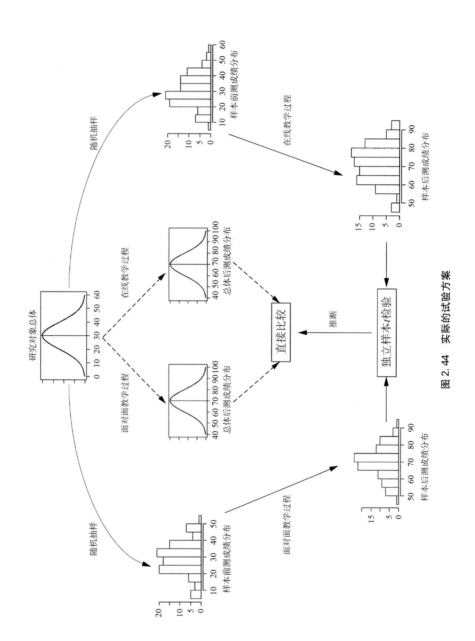

图 2.44 实际的试验方案

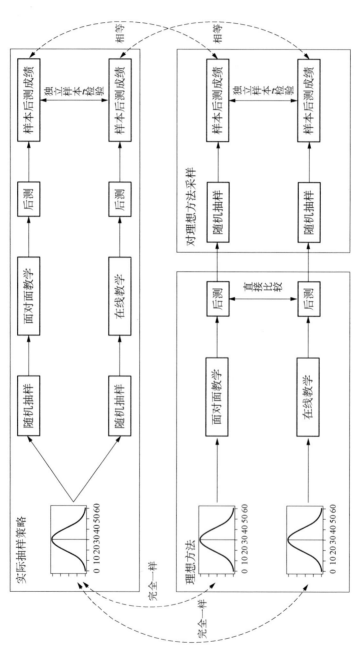

图 2.45 研究中使用独立样本 t 检验的"无规模效应"假设原理

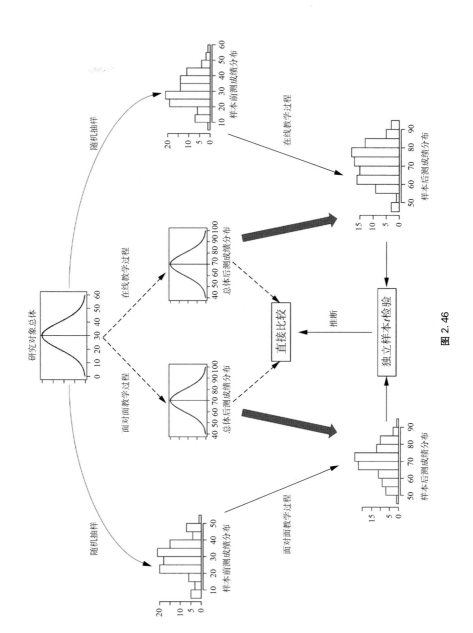

图 2.46

法"或者"策略"不存在规模效应。也就是说：如果忽略掉规模效应，实际的实验方案最后得到的两个对照组的后测成绩在理论上等同于对理想方法进行抽样后的结果。

在该假设下，图 2.44 中的两种不同教学方法中的后测成绩可以看作来自理想试验总体的样本，因而将独立样本 t 检验对其总体效应的均值差异进行检验的结果作为不同教学方法有效性比较的推论是完全合理的。如图 2.46 所示。

假如为了比较这两种培训方法的有效性，随机选取了 21 自愿者，并完全随机地把他们分配到面对面教学课堂和在线课堂，其中传统课堂 10 人，在线课堂 11 人。后测结果如表 2.6（见数据文件 f2f-online. sav）所示。

表 2.6　测检结果

面对面	在线教学	面对面	在线教学	面对面	在线教学
96	81	83	74	100	75
87	73	76	91	84	67
95	81	89	79		71
89	78	98	89		

由于我们相比较这两种教学方法的好坏，因此我们的原假设和备择假设可写成如下形式：

H_0："在线教学"与"面对面教学"没有差异

H_1："在线教学"与"面对面教学"存在差异

在 SPSS 中输入数据，然后选择"分析"菜单的"比较均值"中的独立样本 t 检验，结果如下：

从结果输出中我们看到"在线教学"样本后测均值为 78.09，而"面对面教学"样本后测均值为 89.70，莱文方差检验的 p 值为 0.796，因此无法

	class	个案数	平均值	标准 偏差	标准 误差平均值
grade	面对面教学	10	89.70	7.573	2.395
	在线教学	11	78.09	7.273	2.193

（a）组统计

		莱文方差等同性检验		平均值等同性 t 检验					差值 95% 置信区间	
		F	显著性	t	自由度	Sig.（双尾）	平均值差值	标准误差差值	下限	上限
grade	假定等方差	.069	.796	3.583	19	.002	11.609	3.240	4.827	18.391
	不假定等方差			3.575	18.631	.002	11.609	3.247	4.804	18.414

（b）独立样本检验

图 2.47

拒绝方差相等的原假设。这时，我们看第一行的均值检验 p 值，为 0.002
小于 0.05。因此，在 0.05 的显著性水平下我们拒绝"在线教学"与"面对
面教学"没有差异的原假设，即有证据表明："在线教学"与"面对面教学"
存在显著差异。但是，仅仅是双尾检验有显著差异还并不能说明"在线
教学"比"面对面教学"效果更差，那么我们是否可以得出它们两者谁更
好的结论呢？答案是可以，即我们得到的证据可以表明"在线教学"比
"面对面教学"效果更差。原因在于，我们已经在 0.05 的显著性水平下我
们拒绝"在线教学"与"面对面教学"没有差异的原假设，那么要么"在线
教学"比"面对面教学"效果好，要么效果更差。如果"在线教学"比"面对
面教学"效果更好，那么我们的证据也可以拒绝这一假设。因为通过前
面的学习，我们已经知道要拒绝这个单尾假设，需要满足两个条件：第
一，"在线教学"比"面对面教学"小；第二，双尾检验被拒绝。现在这两个
条件都满足，因此我们不用再做单尾检验，就可以拒绝该假设。如果"在
线教学"比"面对面教学"效果差，那么目前的证据不足以拒绝该假设，原
因与我们拒绝前一个假设相同，即：要在 0.05 显著性水平下拒绝该假
设，必须有"在线教学"样本均值比"面对面教学"的大，但事实并非如此。
综上所述，通过双尾检验，我们在得到"在线教学"与"面对面教学"存在
显著差异的同时，我们还能得出"在线教学"不如"面对面教学"的效果
好。这种方法在其他双尾检验实例中同样适用。

2.12.4 配对样本 t 检验

在试验设计中,把"在线教学"这样的样本组叫做实验组,而把"面对面教学"这样的样本组叫做控制组。除了通过独立样本 t 检验将实验组和控制组对应的总体均值进行比较,还有一种常用的基于前后测的方法,也可以用来证明方案的有效性。比如,为了验证某大学体育训练中某种平衡训练方法的有效性,随机选取了 15 位跆拳道选手,在开始使用这种训练方法之前,首先测试了他们训练前的平衡能力,在经过一段时间的训练之后,又用同样的方法测试了他们训练后的得分,数据如表 2.7 所示(见数据文件"跆拳道平衡训练方法. sav",注意该数据文件与"独立样本 t 检验. sav"数据形式的差异)。

表 2.7

训练前	86	77	59	79	90	68	85	94	66	72	75	72	69	85	88
训练后	78	81	76	92	88	76	93	87	62	84	87	95	88	87	80

与前面检验"面对面教学"与"在线教学"效果的试验不同,该试验中前测和后测比较的是同样一批人,比如张三参加该训练方案之前在前测得了 86 分,等他训练完之后再对他进行后测,发现他的分数为 78 分,等等;而"面对面教学"与"在线教学"效果的比较中,则不是这样的试验设计。由于前测和后测中的对象是一对一匹配好的,因此回答该类问题的检验方法叫做配对样本 t 检验。

配对样本 t 检验其实是一种经过变形的独立样本 t 检验。以平衡训练方案有效性的数据为例,如果该方案是有效的,那么每个学生经过该方案培训后的平衡得分应该高于参加训练前,但是由于存在着一些随机影响因素,不能保证每个同学的分数都有所提高,但总体上应该有所提高,即后测总体成绩减去前测总体成绩的平均值应该大于零。更具体地可以这么理解,假定训练可以是每个人成绩提高 5 分,虽然每个人受到一些非训练因素的影响导致后测刚好比前测高 5 分,比如只高 3 分;但是也

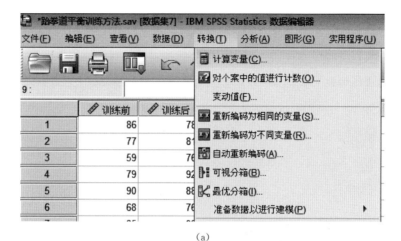

(a)

(b)

图 2.48

有一些人受到这些因素的影响使得其后测成绩不止高 5 分，比如高出 7 分。当这些随机因素对成绩的影响为正态分布时，他们对总体平均成绩的影响刚好为 0，因此后测总体平均成绩就比前测总体平均成绩高出 5 分。由于实际上我们无法得到总体，因此我们只能期望样本中训练后分数减去训练前分数这个差值的平均值应该显著区别于 0,也就是说如果我们把样本的后测成绩减去前测成绩,然后计算这些样本差值的均值是否显著区别于 0 即可回答总体中均值是否存在差异。基于这个想法,我们在 SPSS 中将后测成绩减去前测成绩,并由此计算得到一个新的变量 diff,操作如图 2.48 所示。

在图 2.48 的计算变量窗口中点击确定后,声称新的变量 diff,如图 2.49 所示:

	训练前	训练后	diff	变量
1	86	78	-8.00	
2	77	81	4.00	
3	59	76	17.00	
4	79	92	13.00	
5	90	88	-2.00	
6	68	76	8.00	
7	85	93	8.00	
8	94	87	-7.00	
9	66	62	-4.00	
10	72	84	12.00	
11	75	87	12.00	
12	72	95	23.00	
13	69	88	19.00	
14	85	87	2.00	
15	88	80	-8.00	

图 2.49

利用前面介绍的方法,对新变量 diff 进行单样本 t 检验,设置"检验值"为 0,如图 2.50 所示。

单击"确定"按钮,得到如下的输出结果:

根据前面介绍的单样本 t 检验原理和方法,我们可以在 0.05 的显著性水平下拒绝"diff 对应总体均值为 0"的原假设,因此 diff 对应总体的均

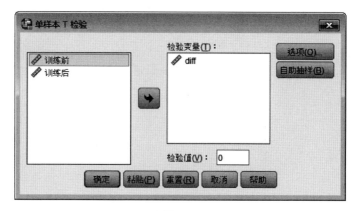

图 2.50

	个案数	平均值	标准 偏差	标准 误差平均值
diff	15	5.9333	10.18729	2.63035

（a）单样本统计

检验值 = 0

	t	自由度	Sig.（双尾）	平均值差值	差值 95% 置信区间 下限	上限
diff	2.256	14	.041	5.93333	.2918	11.5749

（b）单样本检验

图 2.51

值不为 0，由于 diff 的均值为 5.933 3，由此我们还可以判断 diff 对应总体均值大于 0。由于 diff 是后测成绩减去前测成绩之差，因此我们也可以说后测成绩显著高于前测成绩，拒绝后测成绩与前测成绩相等的原假设，也就是拒绝该训练方法无效的原假设，即该训练方法有效。尽管配对样本 t 检验方法的本质就是单样本 t 检验，但是其对应的试验设计逻辑以及应用范围不同于单样本 t 检验，SPSS 中还是把该方法在"比较平均值"菜单中单列出来，在本书为所采用的版本中命名为"成对样本 t 检验"（paired t test）。如果采用该菜单进行配对样本 t 检验，只需在弹出的界面中把"训练前"和"训练后"选入右侧的"配对变量"中即可，如图 2.52所示。

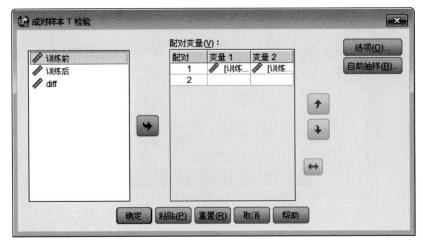

图 2.52

在图 2.52 中单击"确定"按钮之后,输出窗口结果如图 2.53 所示。

		平均值	个案数	标准 偏差	标准 误差平均值
配对1	训练前	77.67	15	10.104	2.609
	训练后	83.60	15	8.433	2.177

（a）配对样本统计

		个案数	相关性	显著性
配对1	训练前 & 训练后	15	.407	.132

（b）配对样本相关性

		配对差值							
					差值 95% 置信区间				
		平均值	标准 偏差	标准 误差平均值	下限	上限	t	自由度	Sig.（双尾）
配对1	训练前 - 训练后	-5.933	10.187	2.630	-11.575	-.292	-2.256	14	.041

（c）配对样本检验

图 2.53

从图 2.53 中我们看到,配对样本 t 检验得到的 t 统计量的值和我们利用单样本 t 检验得到的 t 值大小完全一样,除了符号相反(因为我们使用后测减去前测,而配对样本 t 使用前测减去后测,故符号相反):p 值也完全一样。因此,该结果验证了我们对配对样本 t 检验方法原理的说明,即它实质上就是单样本 t 检验。实际应用中，我们直接使用 SPSS 自带的"成对样本 t 检验"即可，没有必要像我们前面新定义一个 diff 变量，然后再使用单样本 t 检验。

2.13　假设检验在相关性分析中的应用

前面我们介绍了总体的相关性的定义、计算原理和方法。当无法获得总体数据的时候，我们可以通过随机抽样计算样本的相关性从而估计总体的相关性。除了计算公式和过程不同，其原理与根据样本均值估计总体均值是一样的。通过样本中的相关性可以估计总体相关系数的 95% 置信区间，也可以检验总体相关系数是否为某一个具体值。一般情况下，我们比较关心两个变量之间是否相关，即两个变量之间的相关系数是否为 0。通过进行如下的假设检验可以回答这个问题：

H_0：两个变量不相关，即 $r = 0$

H_1：两个变量相关，即 $r \neq 0$

这里，我们把数据"SES-StudentTeacherRatio-Grade. sav"作为总体，使用随机抽样的办法从该总体中随机抽取 20 个样本。然后，使用与图 1.30 相同的方法，我们即可得到样本的相关性，同时我们还可以得到 H_0 成立时数据对应的 p 值，如图 2.54 所示。

从图 2.54 中看到，随机抽取的这 20 个样本的生师比 (StudentTeacherRatio) 与成绩 (Grade) 相关系数为 -0.809，对应的 p 值小于 0.01（因为 -0.809 上面有两个星号，对应的说明文字为：在 0.01 级别（双尾）相关性显著），这意味着在 H_0 假设为真的情况下观察到这 20 个样本以及比这 20 个样本更极端的值的可能性小于 0.01，因此我们可以在 0.01 的显著性水平下拒绝 H_0，即拒绝生师比与成绩不相关的原假设。同时，我们还看到样本中 SES 与成绩的相关系数为 0.823，p 值小

		StudentTeach erRatio	SES	Grade
StudentTeacherRatio	皮尔逊相关性	1	-.332	-.809**
	Sig.（双尾）		.152	.000
	个案数	20	20	20
SES	皮尔逊相关性	-.332	1	.823**
	Sig.（双尾）	.152		.000
	个案数	20	20	20
Grade	皮尔逊相关性	-.809**	.823**	1
	Sig.（双尾）	.000	.000	
	个案数	20	20	20

**. 在 0.01 级别（双尾），相关性显著。

图 2.54　相关性

于 0.01，因此在 0.01 的显著性水平下拒绝 SES 与成绩不相关的原假设，即 SES 与成绩是相关的。

第 3 章

实例分析

3.1 单样本 *t* 检验示例

前面两章中，我们通过几个日常生活中可能碰到的问题简要介绍了常用的描述统计方法和假设检验的基本原理。但回到具体的科学研究时，我们可能对在什么场合能够使用这些方法还不是很清楚。比如，很多学过单样本 *t* 检验的同学可能认为单样本 *t* 检验太简单以致于在具体的研究中没什么用。其实只要运用得当，单样本 *t* 检验也可以回答严肃的科学问题，效果一点也不比复杂的模型逊色，甚至更有说服力。比如，一些科学家发现人类的 IQ 并不是一成不变的，而是会随着时间的增长不断提高，这个现象也被称作弗林效应（Flynn effect）。为了检验这一效应是否存在，我们可以使用单样本 *t* 检验来进行研究。比如，我们拿出 10 年前测试 IQ 的问卷，然后随机地从当前人类群体中抽取若干人进行测试，让这些人在相同的条件下来回答该问卷，记录下他们的分数（当然，由于是随机抽样且人类总体数量非常大，因此我们可认为这些随机抽取的人完全没做过任何 IQ 测试）。注意到如果人类的 IQ 在 10 年内没有变化，那么 10 年后人类总体在该问卷下的平均分数应该还是 100 分（这由 IQ 测试问卷的特性决定，即标准的 IQ 测试能确保总体均分总为 100），也就是说我们随机选取的 n 个样本来自于在该 IQ 测试问卷下均分为 100 的总体。因此，我们的原假设 H_0 和备择假设 H_1 分别是：

H_0：当前人类被试样本来自于在该 IQ 测试问卷下均分为 100 的总体

H_1：当前人类被试样本来自于在该 IQ 测试问卷下均分不等于 100 的总体

假如我们抽取了 100 个人进行测试，得到他们的 IQ 测试值（见文件 IQ-change. sav）。按照前面所示"单样本 *t* 检验"步骤，我们在 SPSS 中依次点击"分析""比较均值"和"单样本 *t* 检验"，在弹出窗口中设定原假设的总体均值为 100,如图 3.1 所示。

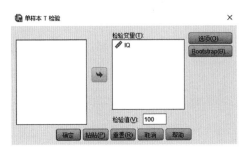

图 3.1

在图 3.1 中单击确定,SPSS 的输出如图 3.2 所示:

单个样本统计量

	N	均值	标准差	均值的标准误
IQ	100	107.00	12.000	1.200

(a)

单个样本检验

	检验值 = 100					
					差分的95% 置信区间	
	t	df	Sig.(双侧)	均值差值	下限	上限
IQ	5.833	99	.000	7.000	4.62	9.38

(b)

图 3.2

从图 3.2 可以看出,在 0.05 的显著性水平下,我们能够拒绝这 100 个随机样本是来自于 IQ 测试均值为 100 的总体的原假设,该结果也就意味着这 10 年间人类总体的 IQ 有所增长。同时,SPSS 还给出了这 100 个样本对应总体均值与 100 的差异的 95% 置信区间为 [4.62, 9.38],也就是说这 100 个样本对应总体均值的 95% 置信区间为 [104.62, 109.38]。显然,由于区间 [4.62, 9.38] 没有包括 0,因此从这里我们也可以看出在 0.05 的显著性水平下,我们认为人类的 IQ 发生了变化。同时,我们还能估计人类 IQ 变化的效应量为 (107-100)/12=0.58。报告中我们可以这样写：

100 个样本的 IQ 测试均值为 107，标准差为 12. 统计分析表明，人类 IQ 在过去 10 年间显著提高，t(99)＝5.833，$p < 0.05$，d＝0.583. 其中 d 表示效应量的估计值，计算公式如下：

$$d = \frac{107 - 100}{12}$$

理论上，效应量应该使用式(2.6)进行计算。但是，实际应用，我们往往无法知道研究样本对应总体的实际均值，也无从知道该总体的标准差，因此我们只能根据所获得的样本特征估计式(2.6)所定义的效应量。在统计上可以证明，样本均值和标准差是总体均值和标准差的"最优估计"，因此我们可以用已知的样本均值和样本方差代替式(2.6)中未知的总体均值和总体标准差，从而估计效应量 d（这里我们假定这 10 年间人类 IQ 方差不变）。Cohen(1988)认为效应量在 0.5 附近为中等程度的效应，因此可认为这 10 年间人类 IQ 平均值的变化幅度为中等。

可见，单样本 t 检验虽然简单，但只要运用得当依然能够回答很重要的问题。因此，具体如何运用学到的统计方法（比如单样本 t 检验）其实不仅仅只是一个统计学问题，还涉及具体的科学问题、领域知识和试验设计方法。在充分理解了一个领域的研究现状时，我们就会比较清楚要回答的科学问题是什么，在这个基础上参照一些经典的试验设计方法设计科学试验。通过设计良好的科学试验，我们就能获取具有很强内在因果关系的实验数据，这时往往只需要运用很简单的统计也许就能够回答很重要的科学问题。

很多时候我们觉得学过的统计学知识派不上用场，其实可能不是因为我们统计学得不够好，而是因为我们对科学问题缺乏深刻的理解，也缺乏一定的实验设计训练。为了能对这一点有更深入的认识，我们不妨再看一个例子。在一个经典的婴儿依恋行为研究中，Harlow 认为婴儿对母亲的依恋不仅与食物供给有关,而且还与身体接触有关,于是他设计了一个试验。该试验中,刚出生的小猴子被放进一个隔离的笼子中养育,并用两个假猴子替代真母猴。这两个代母猴分别是用铁丝和绒布做的,实验者在"铁丝母猴"胸前特别安置了一个可以提供奶水的橡皮奶头。按 Harlow 的说法就是"一个是柔软、温暖的母亲;一个是有着无限耐心、可以随时提供奶水的母亲"。这样,如果被试小猴子对两个假的人工猴子没有特别的偏好,那么如果一天有 18 个小时在一起的活动时间,那么被试小猴子与"铁丝母猴"和"绒布母猴"在一起的时间应该没有显著差别,即存在如下假设:

H_0:小猴子与"绒布母猴"在一起的时间均值等于 9 小时

H_1:小猴子与"绒布母猴"在一起的时间均值不等于 9 小时

假如某个研究者为了验证 Harlow 的结果,对 9 个刚出生的小猴子进行了同样的试验。他记录下这 9 个小猴子与"绒布母猴"待在一起的总时间(数据见文件 monkey. sav)。利用该数据,我们在 SPSS 中使用前面的单样本 t 检验方法,得到如下结果:

单个样本统计里

	N	均值	标准差	均值的标准误
monkey_time	9	12.3622	2.45901	.81967

(a)

单个样本检验

	检验值 = 9					
					差分的 95% 置信区间	
	t	df	Sig.(双侧)	均值差值	下限	上限
monkey_time	4.102	8	.003	3.36222	1.4721	5.2524

(b)

图 3.3

该结果表明,我们能够在 0.05 的显著性水平下拒绝原假设 H_0,即能够比较有把握地说身体接触对小猴子的依恋行为具有影响,从而验证了

Harlow 的假设。同时,由于小猴子与"绒布母猴"在一起的时间大于 9 小时,因此该研究人员可以说身体接触对小猴子的发展甚至超过哺乳的作用。

以上的试验方法使用了这样一种简单的逻辑:如果两种处理是无差别的,那么时间应该是均分的。反之,如果我们观察到时间差异很大,在统计上已经超出了随机误差的可能范围,那么我们就能有较大的把握说两种处理有本质的差别。这种试验设计逻辑被应用于很多心理学的研究当中。请看下面两个例子。

例 3.1　许多动物,包括人类,倾向于回避直接的目光接触。一些昆虫(例如飞蛾)甚至还借此进化出看起来像眼睛的翅膀花纹,以此来避开天敌的捕杀。Scaife(1976)研究了眼睛样式的图案如何影响鸟类的行为,他的研究设计得很简单也很巧妙,被试鸟类被装在一个有两个相互连通的单间的盒子里面,它们可以在自由地在这两个单间中来回走动。其中一个单间的墙壁上绘有眼睛样式的图案,另外一个单间则没有,除此之外两个单间其他环境都相同。研究者可以记录下 60 分钟内每只鸟在每个单间活动的时间。注意到如果眼睛样式的图案对该鸟类没有影响,那么它们每个个体在每个单间的时间虽然不会都等于 30 分钟,但是其总体的均值应该等于 30 分钟。假如一个研究者随机选取了该鸟类中的 9 只鸟进行了上述试验,观察并记录下每只鸟在没有眼睛图案的单间里面的活动时间(数据文件见 bird_time. sav)。如果眼睛样式的图案对该鸟类行为没有影响,那么该鸟类在每个单间活动时间的总体均值应该为 30 分钟,因此该研究的原假设就是:

H_0:该鸟类在每个单间活动时间的总体均值应该为 30 分钟

备择假设或者研究假设就是:

H_1:该鸟类在每个单间活动时间的总体均值不等于 30 分钟

使用 SPSS 中的单样本 t 检验,我们首先根据原假设设定"检验值"为 30,单击"确定"按钮,得到如图 3.4 所示的结果:

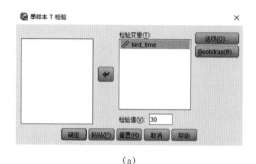

(a)

单个样本统计里

	N	均值	标准差	均值的标准误
bird_time	9	34.67	5.568	1.856

(b)

单个样本检验

	检验值 = 30					
	t	df	Sig.(双侧)	均值差值	差分的95%置信区间	
					下限	上限
bird_time	2.514	8	.036	4.667	.39	8.95

(c)

图3.4

从原始数据我们知道这 9 个样本在没有眼睛样式图案单间活动的时间平均值为 34.67,标准差为 5.568,由于样本数为 9 个,因此样本均值的标准误的估计值为 $5.568/3=1.856$,统计量 $t=(34.67-30)/1.856=2.516$,由于我们计算过程中省略了小数,因此这里的计算结果与 SPSS 给出的结果差了 0.002,如果以上的计算过程取值更精确,得到的结果是 2.514,与 SPSS 给出的 t 统计量一致。通过查表或者利用计算机我们知道 2.514 对应的自由度为 8 的 p 值为 0.036,因此如果显著性水平为 0.05,我们能在该显著性水平上拒绝原假设,即该鸟类在两个单间的活动时间总体的均值不等于 30。由于拿到的样本数据均值为 34.67,大于 30,因此我们知道该鸟类在普通单间活动的时间更长,即证实了目光接触回避的研究假设。

例3.2 使用类似的试验设计,Slater(1998)研究了面孔吸引度对新生儿的影响,据此研究宝宝是否生来就有美丑观念。他和同事准备了一些女性的人像照片,让一些成人志愿者来评判这些面孔的吸引度。志愿者给每张面孔打分,从 1 分到 5 分。研究者再将那些照片分成两张一组,每组的两张照片在各个方面都很类似,比如明亮度和对比度,但是在吸引力得分上却完全相反。研究小组把这些成组的照片同时给出生 1 到 7 天的婴儿看,一共 20 秒,并分别记录下每个宝宝看每张照片的时间。如果刚出生的宝宝对不同吸引力的面孔没有偏好,那么他们花在不同类型的照片上的时间总体均值应该都等于 10 秒钟,这里的原假设为:

H_0:新生宝宝看两种类型的照片时间总体均值分别等于 10 秒钟

对应的研究假设为:

H_1:新生宝宝看两种类型的照片时间总体均值不等于 10 秒钟

假如某个研究者随机选取 9 个新生儿,使用以上相同的逻辑设计试验,并收集到这些新生儿看每个照片上的时间(数据文件见 infant. sav)。使用 SPSS 中的单样本 t 检验,在对应窗口中设置"检验值"为 10,如图 3.5 所示。

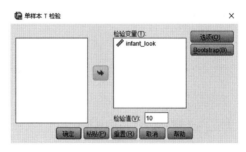

(a)

单个样本统计量

	N	均值	标准差	均值的标准误
infant_look	9	13.00	3.000	1.000

(b)

单个样本检验

	检验值 = 10					
	t	df	Sig.(双侧)	均值差值	差分的95%置信区间	
					下限	上限
infant_look	3.000	8	.017	3.000	.69	5.31

(c)

图 3.5

单击"确定",得到原假设条件下 p 值为 0.017,小于预定的显著性水平 0.05,因此在 0.05 的显著性水平下我们拒绝"新生宝宝看两种类型的照片时间总体均值分别等于 10 秒钟"的原假设,说明新生宝宝对吸引程度不同的面孔偏好程度存在显著差异。因为,新生宝宝看吸引程度高脸孔时间的样本均值高于看吸引程度低的面孔时间的样本均值,因此,我们判断新生宝宝看吸引程度高脸孔时间的总体均值大于 10 秒。这就证实我们的研究假设,即新生宝宝更喜欢看漂亮的面孔。

例 3.3 一些人认为父母应该多花时间陪伴小孩,缺少母亲陪伴的小孩到了学校更容易出现行为问题,可参考 Belsky 等人(2001)对此进行的相关研究。某研究者也对此现象进行了研究,该研究者选取上幼儿园之前 1 年每周在托儿所时间超过 20 小时的幼儿群体为研究对象,从中随机选取了 16 名幼儿园小朋友,使用标准化的行为问题量表对这些小朋友的行为进行测量(得分越高表示问题行为越多),记录下这些小朋友在该量表下的得分(数据文件见 preschool-behavioral-problems. sav)。假如我们已经知道该年龄阶段幼儿园小朋友在该量表的得分均值为 35 分,那么这些数据是否让我们得出"上幼儿园之前 1 年每周在托儿所时间超过 20小时的小朋友群体表现出比一般同龄小朋友更多的问题行为"的结论呢? 假如这些每周在托儿所时间超过 20 小时的小朋友的问题行为超出同龄小朋友群体均值,也就意味着这 16 个样本来自问题行为均值不等于35 的总体,因此,我们的研究假设就是:

H_1:这 16 个样本来自均值不等于 35 的总体

原假设为:

H_0:这 16 个样本来自均值等于 35 的总体

在 SPSS 中输入原始数据之后,使用 SPSS 的"单样本 t 检验"功能,设定"检验值"等于 35,如图 3.6 所示:

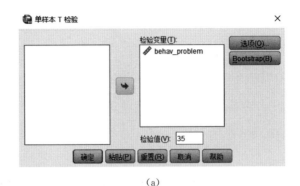

单个样本统计里

	N	均值	标准差	均值的标准误
behav_problem	16	42.00	6.000	1.500

(b)

单个样本检验

	检验值 = 35					
					差分的 95% 置信区间	
	t	df	Sig.(双侧)	均值差值	下限	上限
behav_problem	4.667	15	.000	7.000	3.80	10.20

(c)

图 3.6

　　由于 p 值为 0,小于 0.05,因此我们能够在 0.05 的显著性水平下拒绝"这 16 个样本来自均值等于 35 的总体"的原假设,从而得出"该年龄阶段的小朋友如果缺少父母的陪伴在上幼儿园之后更容易出现问题行为"的研究结论。根据该抽样数据,我们还能估计出效应量 $d = (42-35)/6 = 1.17$,根据 Cohen(1988)的经验标准,超过 0.8 是较大的效应量。

　　当然,父母由于工作比较忙没有时间陪伴小孩,只能将小朋友放在托儿所,这并非只有坏处。Broberg 等(1997)的研究表明:在托儿所(特别是水平较高的)待过的小朋友在数学和语言方面的能力测试高于该年龄阶段的小朋友。举一个典型的例子,随机从上学前在托儿所待过的小朋友中抽取 25 个样本,他们的数学测试均值为 87,样本标准差为 8;而同年龄阶段的小朋友在该标准测试上的均值为 81 分。根据这些信息,我们能在 0.01 的显著性水平下拒绝在托儿所待过的小朋友数学水平与该阶段小朋友数学水平总体均值无差异的原假设。原因在于,T=(87−81)/(8/5)=3.75,而自由度为 25−1=24 的 t 分布的 0.995 分位数为 2.796 94,小于 3.75,也就是由样本计算得到的 T 统计量 3.75 落在了显著性水平为 0.01 的检验的拒绝域,因而我们可以在该显著性水平拒绝原假设。

3.2 独立样本 t 检验和配对样本 t 检验示例

从上面的例子中可以看到,单样本 t 检验不仅可用于原假设总体均值已知的情形,如例 3.3 中我们感兴趣年龄阶段的小朋友的问题行为的总体均值是已知的;还可以广泛地应用于原假设总体均值未知的情形,例如在例 3.2 中我们并不知道新生儿看某类面孔的时间,但是经过巧妙的试验设计就回避了这个问题,把它变成了一个简单的单样本 t 检验问题。可见试验设计得越好,数学分析越简单。下面我们看应用更加广泛的独立样本 t 检验和配对样本 t 检验。

例 3.4 心理学家罗森塔尔(Rosenthal)于 20 世纪 60 年代末期通过实验研究发现,如果教师认为某些孩子聪明,对他们有积极期望,那么若干个月后,这些孩子的智力真的会得到较快、较好的发展。相比之下,那些没有得到教师积极期望的孩子智力的发展则没有那么明显。这与古希腊神话中的皮格马利翁(Pygmalion)神话很相似,该故事也寓意着期望和赞美能产生奇迹。罗森塔尔借喻皮格马利翁的神话,称这种现象为皮格马利翁效应。与很多其他经典社会学研究一样,罗森塔尔的研究逻辑其实非常简单:他和雅克布森(Jacobson)在奥克学校(Oak School)所做的一个实验中,先对小学 1~6 年级的学生进行一次名为"预测未来发展"的智力测验。然后,在这些班级中随机抽取约 20% 的学生,他们向学校提供了一些学生名单,并告诉校方:他们通过该项测试发现,这些学生有很高的天赋,只不过尚未在学习中表现出来。这样使教师对这些随机选择的学生抱有更积极的期望。但其实,这些天赋很高的学生是随机抽取出来的。这就保证了被校方认定为具有很高天赋的学生其实与其他学生一样,都是从同一个总体中抽出来的。8 个月后又进行了第二次智力测验。结果发现,被期望的学生,特别是一、二年级被期望的学生,比其他学生在智商上有了明显的提高。这一倾向,在智商为中等的学生身上表现得较为显著。而且,从教师所做的行为和性格的鉴定中知道,被积极期望的学生表现出更有适应能力、更有魅力、求知欲更强、智力更活跃等倾向。这一试验结果表明,教师的期望会传递给被期望的学生并产生鼓励效应,使其朝着教师期望的方向变化。其中,一、二年级的前测、后测以及组别数据见文件 Pygmalion. sav,共 114 个学生,其中实验组 19 人(即被随机选择出来并被告知校方天赋较高的学生),控制组 95 人。我们首先使用独立样本 t 检验看这两组学生的智商在实验开始之前是否存在显著差异。由于实验组是随机从全校学生总体中选择出来的,因此我们知道这些学生的智商对应的总体与控制组对应的总体是一样的。所以,实验组和控制组的均值即使不相等,我们也知道这种不等完全是由随机抽样导致的误差,它太大的可能性不大。我们用 SPSS 中的独立样本 t 检验其中的检验变量进行分析,选择"分析""比较均值"中的"独立样本 t 检验",并设定其中的"检验变量"和"分组变量",如图 3.7 所示。

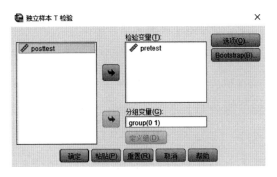

图 3.7

单击图 3.7 中的确定按钮,在 SPSS 的输出窗口我们看到如图 3.8
所示结果。

组统计量

	group	N	均值	标准差	均值的标准误
pretest	control	95	70.99	34.449	3.534
	treatment	19	83.21	31.944	7.328

(a)

独立样本检验

		方差方程的 Levene 检验		均值方程的 t 检验						
									差分的 95% 置信区间	
		F	Sig.	t	df	Sig.(双侧)	均值差值	标准误差值	下限	上限
pretest	假设方差相等	.296	.587	-1.428	112	.156	-12.221	8.559	-29.180	4.738
	假设方差不相等			-1.502	27.067	.145	-12.221	8.136	-28.913	4.471

(b)

图 3.8

该结果中的"组统计量"告诉我们,实验组一共有 19 个样本,这些样
本的均值为 83.21,标准差为 31.944,控制组一共有 95 个样本,这些样
本的均值为 70.99,标准差为 34.449。将他们的标准差分别除以对应样本
数的平方根即为这两组样本的均值的标准误,如图 3.8 所示,分别为
3.534 和 7.328。该结果中的"独立样本 t 检验"告诉我们,实验组和控制
组的方差相等的原假设下,值为 -1.428 的 t 统计量对应的 p 值为
0.587,因此我们无法拒绝该原假设,可认为方差无差异。这时应该看
"Sig.(双侧)"第一行的 p 值,为 0.156,因此我们在 0.05 的显著性水平
下不能拒绝实验组和控制组对应总体均值相等的原假设,这也符合该试
验设计逻辑的预期。事实上,罗森塔尔在随机地从学生中选出那些"天
赋较高"的学生后,就会做这个检验,以保证实验组和控制组所来自的总
体在试验开始之前确实没有显著的差异,这样就可以保证以后对这两组
学生差异化对待如果产生了差异,那么就只能将这些人为产生出的差异
归因于老师的期望。那么,8 个月后,被差异化对待的群体是否就真的比
没有特别对待的群体智商更高了呢? 这时实验组就作为从被差异化对

待的群体中抽取的样本,而控制组就作为没有特别对待的群体中抽取的
样本,通过比较这两者推断他们对应的总体均值是否存在差异,我们就
可以回答该问题。与图 3.7 的步骤相似,只需把"检验变量"由前测
pretest 换成后测"posttest"然后点击"确定"即可,这时输出窗口结果如图
3.9 所示。

组统计量

	group	N	均值	标准差	均值的标准误
posttest	control	95	97.96	24.565	2.520
	treatment	19	123.84	40.018	9.181

(a)

独立样本检验

		方差方程的 Levene 检验		均值方程的 t 检验					差分的 95% 置信区间	
		F	Sig.	t	df	Sig.(双侧)	均值差值	标准误差值	下限	上限
posttest	假设方差相等	3.779	.054	-3.727	112	.000	-25.884	6.946	-39.646	-12.122
	假设方差不相等			-2.719	20.793	.013	-25.884	9.521	-45.695	-6.073

(b)

图 3.9

这时我们看到"Sig.(双侧)"第一行的 p 值已经变为 .000,这说明实验
组和控制组对应的总体均值在 0.05 的显著性水平上存在显著差异,因此
罗森塔尔可以比较有信心地拒绝他们对应的总体均值没有差异的原假设。
同时,由于实验组智商均值为 123.84,高于控制组的 97.96,因此罗森塔尔
可以得出教师的积极期望确实可以提高学生的智商的研究结论。

细心的读者朋友可能看到后测成绩中实验组和控制组的智商均值
较前测时都提高了:控制组的均值由前测时的 70.99 提高到了后测时的
97.96,而实验组的均值由前测时的 83.21 提高到了后测时的 123.84。
这似乎说明经过这一段时间,实验组和控制组的智商都提高了。那么究
竟是不是呢? 配对样本 t 检验可以回答这个问题。这个问题其实是两个
子问题,即:(1)实验组对应的总体的智商均值是不是比 8 个月之前更高
了? (2)控制组对应的总体的智商均值是不是比 8 个月之前更高了? 为

了利用配对样本 t 检验同时回答这两个问题,我们需要先利用"数据"里面的"拆分文件"选项把数据分成两个独立的部分,如图 3.10 所示。

图 3.10

然后点击主菜单上面的"分析",选择"比较均值"子菜单里面的"配对样本 t 检验",分别将前测"pretest"和后测"posttest"两个变量选进右边的"成对变量"框里面,如图 3.11 所示。

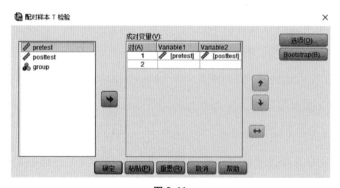

图 3.11

单击"确定"按钮,在输出窗口可以得到如图 3.12 所示的结论。

group = control

成对样本统计量[a]

		均值	N	标准差	均值的标准误
对 1	pretest	70.99	95	34.449	3.534
	posttest	97.96	95	24.565	2.520

a. group = control

(a)

成对样本相关系数[a]

		N	相关系数	Sig.
对 1	pretest & posttest	95	.448	.000

a. group = control

(b)

成对样本检验ª

		成对差分							
		均值	标准差	均值的标准误	差分的 95% 置信区间		t	df	Sig.(双侧)
					下限	上限			
对 1	pretest - posttest	-26.968	32.114	3.295	-33.510	-20.426	-8.185	94	.000

a. group = control

（c）

group = treatment

成对样本统计量ª

		均值	N	标准差	均值的标准误
对 1	pretest	83.21	19	31.944	7.328
	posttest	123.84	19	40.018	9.181

a. group = treatment

（d）

成对样本相关系数ª

		N	相关系数	Sig.
对 1	pretest & posttest	19	.451	.052

a. group = treatment

（e）

成对样本检验ª

		成对差分							
		均值	标准差	均值的标准误	差分的 95% 置信区间		t	df	Sig.(双侧)
					下限	上限			
对 1	pretest - posttest	-40.632	38.309	8.789	-59.096	-22.167	-4.623	18	.000

a. group = treatment

（f）

图 3.12

从该输出结果我们可以看到控制组前测与后测成绩之差为 -26.968，前测和后测成绩差值的标准差为 32.114，对应的均值的标准误的估计值为 3.295（即 32.114 除以 95 的平方根所得），而 -26.968/3.295 = -8.185 即为本例中 t 统计量的值，该统计量对应的 p 值很小，SPSS 输出结果中直接标为 .000。这说明我们能在 0.05 的显著性水平上拒绝前后测总体均值无差异的原假设，即认为控制组的学生的智商发生显著的变化。通过类似的分析，我们还能得出实验组的学生的智商也发生显著变化的研究结论。可见，这个实验数据的分析提供给我们的信息比我们从这个例子最开始的介绍中所获得的信息要更多：两个学生群体的智商都在不断地增长，但得到老师积极预期的实验组进步得快，没有获得老师积极预期的进步相对较慢，这是一幅更加动态的图像。

例 3.5　看电视可以帮助儿童学习吗？恐怕很多不同的家长对此持有不同的意见和看法。一些研究发现，小时候看电视的习惯与长大后大学学业成绩存在关系。比如,1998 年 Anderson,Huston,Wright 和 Collins 在一个报告中的结论是:小时候经常看《芝麻街》①的大学生比没看过这个节目的大学生成绩更好。一名研究人员为了对该问题开展研究,他首先随机调查了大一阶段学生的父母,以获取有关他们 6 岁时家庭的电视收看习惯的信息。基于该问卷调查的结果,该研究人员随机选取了 10 个小时候看过《芝麻街》的大学生和 10 个没有看过《芝麻街》的大学生,并从学校获得他们的成绩(数据见文件 TV-Grade. sav)。利用 SPSS 中的独立样本 t 检验功能,该研究人员得到以下结果:

组统计量

	watched_or_not	N	均值	标准差	均值的标准误
grade	Not_Watched	10	80.00	2.749	.869
	Watched	10	93.30	2.791	.883

(a)

独立样本检验

		方差方程的 Levene 检验		均值方程的 t 检验					差分的 95% 置信区间	
		F	Sig.	t	df	Sig.(双侧)	均值差值	标准误差差值	下限	上限
grade	假设方差相等	.060	.810	-10.737	18	.000	-13.300	1.239	-15.902	-10.698
	假设方差不相等			-10.737	17.996	.000	-13.300	1.239	-15.903	-10.697

(b)

图 3.13

　　该输出结果告诉我们,两个样本的方差不存在显著差异,但是在 0.05 的显著性水平下他们对应总体的均值存在显著差异,因此该研究人员可以拒绝“小时候 6 岁看过《芝麻街》和没看过《芝麻街》的大学生群体的成绩总体均值没有差异”的原假设。由于,看过《芝麻街》的样本均值为 93.3,大于没看过的样本均值 80,因此,看过《芝麻街》的大学生成绩总体均值大于没有看过《芝麻街》的大学生成绩总体均值。但是,与例 3.4 不同的是,尽管基于该研究数据的统计结果,我们能说小时候看过《芝麻

---

① 《芝麻街》是美国公共广播协会制作播出的儿童教育电视节目,该节目于 1969 年 11 月 10 日在美国教育电视台上首次播出,综合运用了木偶、动画和真人表演等各种表现手法向儿童教授基础阅读、算术、颜色的名称、字母和数字等基本知识,有时也教一些基本的生活常识。

街》的大学生成绩更好，但却不能说小时候看《芝麻街》是大学成绩较好的原因；而例 3.4 中，我们能根据其研究数据的分析结果说老师对学生的积极期望是学生智商提高的原因。理由在于，例 3.5 中的数据虽然是随机选取的，但是并不能保证小时候看这个节目的总体与不看这个节目的总体在其他方面是完全一样的，比如看这个节目的总体可能本身家庭比较富裕、父母受教育程度也较好，有电视机的比例较高，而不看这个节目的总体可能经济相对比较一般、父母受教育程度相对较低或者有电视机的比例也比较低，而这其中的一些因素也可能影响小孩的发展，进而影响他们受教育的机会以及大学的成绩。也就是说，这个研究虽然也是进行的完全随机抽样，但是抽出来的样本并不是来自同一个总体，一个总体是看过《芝麻街》的，另外一个总体是没有看这个节目的。而标准的随机试验当中，随机抽样是一种手段，利用随机性我们能"抹平"得到的两组样本（实验组和控制组）在各个方面的差异，从而在此基础上对实验组进行干预，而对控制组则不采取干预，经过一段时间再看实验组和控制组的差异。显然，这里所展示的《芝麻街》的研究例子并不满足标准随机试验的以上特征。因此，这个研究只能告诉我们小时候看不看这个节目与大学成绩有正向关联，但却不能证明小时候看这个节目是大学成绩好的原因。

　　一般我们把例 3.4 所用的实验设计方法叫做被试间设计（between-subjects design），它使用两个独立的样本验证某个因素（比如老师的期望）对被试行为变量（比如学生智商）的影响，其实验数据的统计分析方法就是第二章中介绍的独立样本 t 检验。由于其中只研究一个因素，例如老师的期望，因此这种方法也叫做单因素实验设计。单因素实验设计包含两种基本类型，除了被试间设计，另外一种是被试内设计（within-subjects design）。被试内设计不像被试间设计需要实验组和控制组等两组独立的样本，而是对一组随机样本前后进行两次测试，通过配对样本 t 检验对前测和后测数据进行比较分析，看他们在一定的统计显著性水平上是否存在差异。例如,为了测试血液内酒精浓度对人反应速度的影响,我们固然可以通过随机抽样的方法随机生成两组样本,每组 30 人,其中一组不喝酒,另外一组饮用一定量的酒精,一定时间之后测试这两组的反应速度,通过独立样本 t 检验分析得到的数据;但我们其实还可以只随机选取一组 30 个人的样本,先测试他们的反应速度,然后给他们饮用一定量的酒精,一定时间之后再测试这两组的反应速度,从而利用配对样本 t 检验比较饮酒前后反应速度是否存在显著的差异。显然,相比被试间设计,被试内设计需要更少的样本。不仅如此,由于每个人都参加了前测,然后饮用酒精、参加后测,因此后测与前测值之间的差异可以被认为绝大部分是由酒精引起的。反观独立样本 t 检验,利用随机指派的方法产生的实验组和控制组虽然在样本均值上可以做到无显著差异,但是实验组和控制组的每一个样本个体本身存在差异(比如对酒精的耐受程度不同),不像被试内设计那样前测和后测是配对的(因而不存在个体差异,比如对酒精的耐受程度完全相同),因此使用被试间设计时我们观察到的实验组和控制组之间的差异实际上是由个体之间的随机差异与酒精的随机效应叠加而成。注意到这两个效应都是随机的,因此两个随机效应叠加在一起,那么方差相对于被试内设计会较大。这样,相对于被试内设计,被试间设计更不容易拒绝原假设,容易犯第二类错误。针对这两种实验设计方法可能对结果造成的差异,Andy Field(2009)给出了一个例子,如例 3.6。

例 3.6 好莱坞的电影《蜘蛛侠》很多人爱看,但也许有些人不喜欢。蜘蛛恐惧症是指看见蜘蛛或接触蜘蛛从而产生恐惧感,其成因可能是人类幼年受到某些有意识的思想引导。为了确定该恐惧症患者是对真的蜘蛛感到恐惧还是仅仅蜘蛛的图片就能引起相同的恐惧感,研究人员从该种恐惧症患者群体中随机选择了 24 个被试对象。从其中随机选择 12 个被试对象,让他们看真的长毛狼蛛,一段时间后测试他们的焦虑程度;

而另外 12 个被试对象则要求看同样类型蜘蛛的图片,一段时间后测试他们的焦虑程度,数据文件见 spiderBG. sav,其中变量 Group 取值为 0、1,"0"表示看图片,"1"表示看真的蜘蛛。为了确认是否图片就能引起与真蜘蛛相同程度的焦虑,研究人员使用独立样本 t 检验对数据进行了分析,结果如图 3.14 所示。

组统计量

	Group	N	均值	标准差	均值的标准误
Anxiety	0	12	40.00	9.293	2.683
	1	12	47.00	11.029	3.184

(a)

独立样本检验

		方差方程的 Levene 检验		均值方程的 t 检验					差分的 95% 置信区间	
		F	Sig.	t	df	Sig.(双侧)	均值差值	标准误差值	下限	上限
Anxiety	假设方差相等	.782	.386	-1.681	22	.107	-7.000	4.163	-15.634	1.634
	假设方差不相等			-1.681	21.385	.107	-7.000	4.163	-15.649	1.649

(b)

图 3.14

根据该结果,我们知道该检验得到的 p 值为 0.107,因此在 0.05 的显著性水平上无法拒绝原假设,因此图片引起的焦虑程度与真实的蜘蛛引起的焦虑程度不存在显著的差异。注意这里的原假设还是:图片引起的焦虑程度与真实的蜘蛛引起的焦虑程度没有差异。为了看清楚实验设计方法之对统计推断结果造成的差异,Andy Field(2009)假设了另外一个被试内实验设计:假设看图片的这 12 个人不仅看蜘蛛图片,而且还看真的蜘蛛,分别记录下这 12 个人看完图片与真实蜘蛛之后的焦虑程度,如表 3.1 所示(数据文件见 spiderRM. sav)。

对照 spiderBG. sav,我们知道 spiderRM. sav 中的 24 个焦虑值与 spiderBG. sav 中的数值完全一样,只是把前面被试间设计中看真蜘蛛的人的焦虑程度拿过来当成 12 个看图片的人看真蜘蛛的焦虑程度。当然,如果我们真的做这样一个被试内设计的实验,即使得到 12 个看图片的被

表 3.1

被试	焦虑程度		被试	焦虑程度	
	看图片	看实物		看图片	看实物
1	30	40	7	55	50
2	35	35	8	25	35
3	45	50	9	30	30
4	40	55	10	45	50
5	50	65	11	40	60
6	35	55	12	50	39

试的焦虑程度是 spiderBG. sav 完全一样,我们也未必能保证他们看真蜘蛛的焦虑程度就刚好是被试间设计是那组看真实蜘蛛的被试的焦虑程度。Andy Field(2009)举这个例子只是为了说明:即使两组实验看起来数字完全一样,但是结果却不一样,原因就在于实验设计方法不一样;被试内设计具有被试间设计所不具有的优势。显然,利用被试内设计得到的这组数据应该使用配对样本 t 检验,在 SPSS 中选择"分析""比较均值",选择"配对样本 t 检验",然后在对话框中将"Picture"和"Real"变量选入右边的"成对变量"框里面,结果如图 3.15 所示:

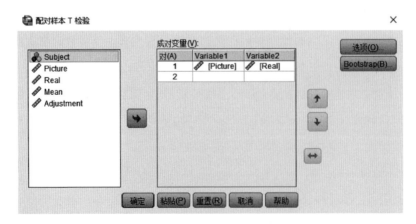

图 3.15

在图 3.15 中点击"确定"按钮，在输出窗口得到如图 3.16 所示的结果。

成对样本统计量

		均值	N	标准差	均值的标准误
对 1	Picture	40.00	12	9.293	2.683
	Real	47.00	12	11.029	3.184

(a)

成对样本相关系数

		N	相关系数	Sig.
对 1	Picture & Real	12	.545	.067

(b)

成对样本检验

		成对差分					t	df	Sig.(双侧)
					差分的 95% 置信区间				
		均值	标准差	均值的标准误	下限	上限			
对 1	Picture - Real	-7.000	9.807	2.831	-13.231	-.769	-2.473	11	.031

(c)

图 3.16

我们也许意外地发现，同样的焦虑程度数据，但是换成了被试内设计，因此使用的是配对样本 t 检验，得到的 p 值却为 0.031，因而我们在 0.05 的显著性水平下可以拒绝"看图片与看真蜘蛛焦虑程度无差异"的原假设，从而得出"看真实蜘蛛比看蜘蛛图片引起的焦虑程度更高"的结论（因为看真实蜘蛛的样本均值为 47，高于看图片的均值 40）。这并不是在玩数字游戏，而是因为被试内设计的内在逻辑能消除被试的个体差异对实验的影响，从而提高统计鉴别力。也因为这个优点，当被试存在明显个体差异时，如反应时长、知觉长度等，实验设计者可以考虑使用被试内设计。

被试内设计有这么多被试间设计没有的优点，但也并非没有缺点。例如，刚才的我们假想的被试内实验设计也许就会有读者提出质疑：一些被试看完图片之后也许会比较适应，看真的蜘蛛也许没那么焦虑了，因此先看图片可能会降低看真实蜘蛛时的焦虑程度；当然也有可能相反。因此，被试内设计的缺点之一是在一种实验条件下的操作可能会影响后继的另一种实验条件下的操作，而带来实验顺序的问题。相同的被试要重复接受不同的实验处理，有时可能会产生练习效应、疲劳效应等各种不希望看到的副作用，用平衡方法或拉丁方设计，可克服实验顺序带来的缺点。因此，虽然我们看到 spiderRM. sav 的数据比较简单，但其实里面的实验设计需要考虑更多的细节，采用平衡设计的思想消除掉实验顺序带来的问题。

3.3 假设检验逻辑的进一步推广：比例检验及其示例

前面讲的假设检验和参数估计都是针对总体均值的，这是因为一般情况下总体均值的变化就能够刻画某种干预手段或者因素的因果效应。但有些时候，我们要回答的问题未必就是"智商是否有差异""体重是否有变化"这样的问题。比如："某地区学生体重正常的比例是否过半，即超过 50％"，"一所大学的男女比例是多少？""考试中某个学生答题完全靠猜测吗？""某省高考的一本上线率是多少？"以及"药物的有效率是多少"等，面对类似这样的问题，我们直觉上就会感到与前面的总体均值的推断似乎有所差异。这种感觉上的差异不难理解，因为这里我们需要推断的是某种事件发生的概率或者某个子群体类别所占总体的比例，而发生还是不发生或者类别往往是离散变量（比如发生、不发生或者类别 A、类别 B），与之前我们总在讨论一个连续变量的均值不同。比如：在"某地区学生体重正常的比例是否过半，即超过 50％"的场景中，我们需要回答的问题是：该地区 BMI 指数在正常范围内的学生个数占学生总数的比例是否大于 50％。尽管问题的细节看起来有所差异，但前面我们介绍的假设检验的逻辑依然适应。比如，在无法得到该地区学生 BMI 指数总体的情况下，我们依然可以通过随机抽样的方法得到学生 BMI 指数的样本，然后根据该样本中在正常范围内的 BMI 比例推断该地区学生 BMI 总体中正常个数的比例，如果该比例距离 50％太远，比如只有 9％，我们就有理由认为该地区的学生 BMI 合格率不足 50％。但是，距离 50％多远才是"足够远"以至于我们有足够的信心去拒绝"合格率等于 50％"的原假设呢？我们需要一个精确的临界值。经过前面的学习，我们就知道这时分析问题的逻辑应该是：如果知道了样本比例的抽样分布的具体形态，就可以精确地判断"样本中正常 BMI 的比例达到多少时"，从而敢以一定的犯错概率去拒绝等于 50％的假设。最好该抽样分布就是我们已经熟知的正态分布。好消息是：当样本数够大时，它的确非常接近于正态分布，也就是说，如果样本数够大，我们可以使用正态分布的性质检验"BMI 正常的比例为 50％"的假设的合理性。坏消息是，当样本数不够大时，它不是正态分布，而是二项式分布，英文名称是 binomial distribution。为了形象地描述这一点，我们用第 1 章中的 BMI 数据予以说明。

在 BMI. sav 中，我们知道 BMI 水平正常的占 33％，也就是说如果随机地从该总体中抽取一个学生，他（她）的 BMI 正常的概率为 0.33，约 1/3。假如，我们每次不是抽取一个学生，而是 10 个，那么其中 BMI 正常的个数将会是随机的，最坏的情况下可能 10 个都不正常，最好的情况下可能 10 个都正常，但是我们通过常识就可以感觉到这两种情况（或者叫事件）发生的可能性都不是很大，可能性较大的是 10 个中 3—4 个正常。利用计算机我们可以很快计算得到 10 个样本中分别有 0、1、2、…、10 个正常的概率，其分布如图 3.17 所示。

从图 3.17 中可以看到，10 个样本中出现 3 个正常的概率最大，略大于 0.25，出现 4 个正常的概率次之，约为 0.23，出现两个的概率约为 0.20，其中各种情形精确的出现概率如表 3.2 所示。

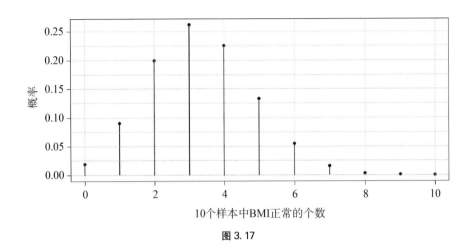

图 3. 17

表 3. 2

10 个样本中 正常的个数	出现的概率	10 个样本中 正常的个数	出现的概率
0	0. 018 228	6	0. 054 652
1	0. 089 782	7	0. 015 382
2	0. 198 993	8	0. 002 841
3	0. 261 365	9	0. 000 311
4	0. 225 281	10	0. 000 015
5	0. 133 151		

由于 10 个样本中 BMI 正常的个数只可能为 0 到 10 之间的整数,因此其他地方的概率为 0,反映在上图中就是只有 0 到 10 之间的整数存在不为 0 的概率,其他地方的概率为 0,且这些概率值之和刚和为 1。也就是说,如果每次从该总体中抽取 10 个样本,然后计算其中 BMI 正常的学生个数,并记录下来,然后不停地将该步骤反复做无穷多次,那么正常学生的个数的分布就是图 3. 17 所示的分布。可以看出,该分布的形态与正态分布有明显的差别。

假如每次不是抽取 10 个学生,而是 30 个,这 30 个学生中 BMI 为正常的个数为 0 到 30 之间的整数,其概率密度如图 3. 18 所示:

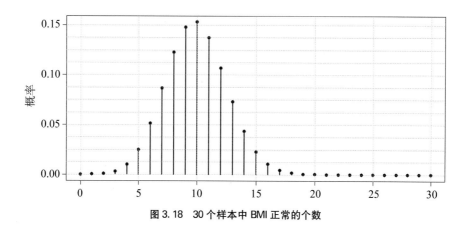

图 3.18 30 个样本中 BMI 正常的个数

可以看出,该分布的形态已经很接近正态分布。当每次抽取 100 个学生时,利用计算机可得到其中 BMI 正常的学生数量的分布如图 3.19所示。

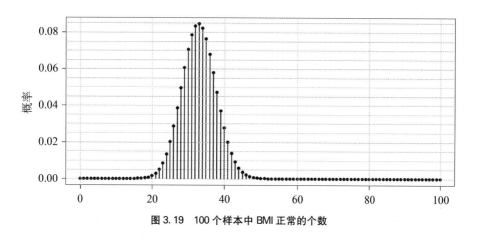

图 3.19 100 个样本中 BMI 正常的个数

可以看出,当每次取样的个数越来越大时,BMI 正常的学生个数的分布形态越来越接近于正态分布。

我们已经知道了 BMI. sav 文件对应的总体中 BMI 为正常的学生比例是 33%。假如某研究人员想知道 BMI. sav 文件对应的总体中 BMI 为正常的学生比例是否达到了 50%,但是他受限于研究条件而无法获得该

总体的所有数据,只能从该总体中随机抽样。此时,原假设为:

H₀:总体中 BMI 正常的学生比例为50%

假如该研究者由于实验条件有限没法抽取很多个样本,而只能从 BMI 正常比例为33%的总体中随机抽取 10 个样本,发现其中两个 BMI 正常,其余不在正常范围(由于正常比例为 33%,因此 10 个中观察到 2 个 BMI 正常也是常见的情形)。那么在原假设下,利用计算机可以很快地计算出 10 个样本中出现正常个数的分布如图 3.20 所示。

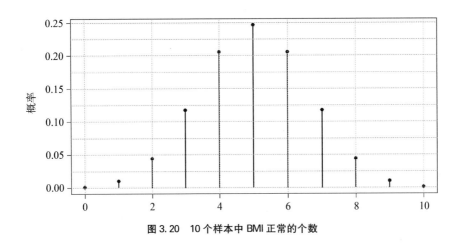

图 3.20　10 个样本中 BMI 正常的个数

其中每个点的对应的概率如表 3.3 所示。

表 3.3

原假设成立下, 10 个样本中正常的个数	出现的概率	原假设成立下, 10 个样本中正常的个数	出现的概率
0	0.000 977	6	0.205 078
1	0.009 766	7	0.117 188
2	0.043 945	8	0.043 945
3	0.117 188	9	0.009 766
4	0.205 078	10	0.000 977
5	0.246 094		

如果该研究者抽样之前设定的显著性水平为 0.05,那么根据表 3.3 中的概率值可以知道 0、1、9、10 构成了该假设检验的拒绝域。由于观察到的正常 BMI 数为 2,不在拒绝域,因此在 0.05 的显著性水平上无法拒绝 H_0。从 p 值的角度来看,观察到的正常样本数 2 对应的 p 值为 $(0.043\,945 + 0.009\,766 + 0.000\,977) * 2 = 0.109\,376$,如果实验前设定的显著性水平为 0.05,那么在 0.05 的显著性水平下无法拒绝原假设 H_0。

假如该研究者实验条件有所改善,使得他能获取更多的样本,因此他随机地抽取了 30 个样本,发现其中 8 个样本的 BMI 为正常(由于我们事实上已经知道该总体中 BMI 正常的比例为 33%,因此观察到 30 个样本中 8 个 BMI 正常是很合理的),这时他将有比较充分的证据可以认为总体中 BMI 正常的比例不足 50%。为什么呢? 根据前面讲过的假设检验逻辑,该研究者还是先建立如下的原假设:

H_0: **总体中 BMI 正常的学生比例为** 50%

并设定显著性水平为 0.05。如果该假设成立,那么利用计算机很容易知道这 30 个样本中出现 0、1、2,…,30 个正常 BMI 样本的概率,如图 3.21 所示。

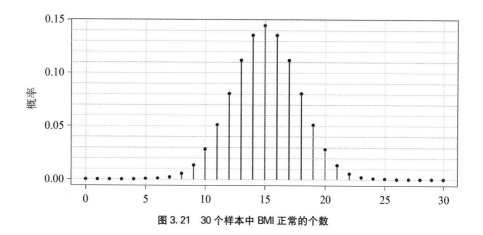

图 3.21　30 个样本中 BMI 正常的个数

同样，利用计算机我们也可以马上知道，正常的个数在 10 到 20 之间的概率之和约为 0.957 2，这意味着图 3.21 中 0 到 9 对应的概率加起来不足 0.025（利用计算机我们知道这一概率和为 0.021 386 97），21 到 30 对应的所有概率加起来也不足 0.025（利用计算机我们知道这一概率和为 0.021 386 97），也就是说当该研究者选取 0.05 的显著性水平时，10 到 20 之间的整数是该假设的接受域，而 0 到 9 和 21 到 30 之间的区域构成了该假设的拒绝域。由于该研究者观察到了 8 个正常的 BMI 值，因此他的观测值落到了拒绝域。所以，在 0.05 的显著性水平下该研究者可以拒绝总体中 BMI 正常的比例为 50% 的原假设。同样，将图 3.21 所示的分布中小于等于 8 的概率求和，然后乘以 2，就得到了该假设检验中的 p 值，利用计算机知道该 p 值约为 0.016 124 8。由于 0.016 124 8 小于给定的显著性水平 0.05，因此，根据该 p 值也可以拒绝原假设。

以上两种情况，该研究者的样本都是从 BMI. sav 对应的总体中抽取的。我们已经知道该总体中 BMI 正常的概率为 33%，也就是 H_0 是错的。第一种情况下，由于样本数较小，因此该研究人员无法拒绝总体中 BMI 正常的原假设，犯了第二类错误。当他增大样本量到 30 的时候，他得到的数据就表明总体中 BMI 正常的比例不太可能为 0.05，因此拒绝了 H_0。从这个例子中可见，增大样本量能提高统计鉴别力。

以上分析中，我们使用第 2 章中介绍的总体均值相关的假设检验原理对总体比例的假设检验进行了详细的分析。可以看出不管是均值的检验还是比例的检验，其基本逻辑和思路是一样的，只是具体的抽样分布形态和计算有所差异。该分析中的数值计算方法以及作图我们都采用了 R，比如，该例中 30 个样本时计算 p 值的 R 命令为 sum(dbinom(0：8，30，0.5)) * 2，这里不再一一展开。下面我们重点看 SPSS 中如何处理该数据（30 个样本的实验数据见 binom-test-BMI2. sav，10 个样本的实验数据读者可以参考 binom-test-BMI2. sav 文件自己在 SPSS 中输入，使用与下面介绍类似的方法进行验证）。首先，按照图 3.22 输入数据：

其中，normal 为名义变量，"0"表示正常，共 8 个；"1"表示不正常，共 22 个。不愿自己输入数据的读者可直接打开数据文件 binom-test-BMI2. sav。选择"分析"中的"非参数检验"，然后在二级菜单中选择"旧对话框"中的"二项式"，在弹出窗口中将左边的"normal"变量选入右边的"检验变量列表"中。同时，由于原假设是总体中 BMI 正常比例为 50%，因此需要设置检验比例为 0.50，如图 3.23 所示。

	normal
1	0
2	0
3	0
4	0
5	0
6	0
7	0
8	0
9	1
10	1
11	1
12	1
13	1

图 3.22

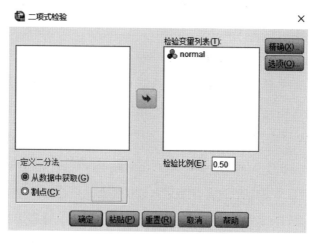

图 3.23

图 3.23 中单击"确定"，输出窗口的结果如图 3.24 所示。

从输出中可以看到：30 个样本中，BMI 正常的有 8 个，占比 27%；不正常的有 22 个，占比 73%，检验比例即原假设所声称的比例为 0.50，在

二项式检验

		类别	N	观察比例	检验比例	精确显著性（双侧）
normal	组 1	0	8	.27	.50	.016
	组 2	1	22	.73		
	总数		30	1.00		

图 3.24

该假设下观测数据对应的 p 值为 0.016，与刚才我们用假设检验的原理计算得到的结果一致。

这里需要注意一点：图 3.23 中设置"检验比例"为 0.50 时，对应的原假设是：

H_0：0 在样本中出现的概率是 0.50

这是因为 SPSS 默认将数据文件的第一个出现的数字类型作为原假设出现概率的主语，如果我们把数据文件中的 0 和 1 出现的顺序改一下，让第一个数字是 1，0 和 1 的个数不变，仍然分别为 8 和 22 个，那么原假设就变成：

H_0：1 在样本中出现的概率是 0.50

这一点在"检验比例"被设置为 0.50 是没有区别。但是如果"检验比例"不等于 0.5，比如设置为 0.25，那么原假设中谁出现的概率为 0.25 将存在本质的区别。

在一些书籍中，使用 SPSS 进行比例检验时不仅和上面演示的步骤有差异，而且结果也有差异，读者碰到这样的差异可能会产生疑惑，因为数学意味着精确和确定，不应该模棱两可。这里我们还是以 BMI 为例介绍一下另外一种方法，然后比较一下这两种步骤，并说明其中存在差异的缘由。另外一种步骤如下：

首先，数据的格式可能不同，针对前面例子中的数据，这里需要在 SPSS 的数据编辑窗口中创建如下两个变量：category 和 num，如图

3.25 所示。其中 category 变量表示类别,是字符串类型,normal 表示正常,non_normal 表示不正常;num 变量表示样本中每个类别的个数,为整型变量。

category	num
normal	8
non_normal	22

(a)

名称	类型	宽度	小数	标签	值	缺失	列	对齐	度量标准	角色
category	字符串	12	0		无	无	13	匣 左	♣ 名义(N)	➘ 输入
num	数值(N)	8	0		无	无	8	潭 右	✔ 度量(S)	➘ 输入

(b)

图 3.25

然后在"数据""加权个案"弹出的对话框中选择右边的"加权个案"按钮,并将左边的 num 变量选进右边的"频率变量"框,如图 3.26 所示。

图 3.26

单击"确定",然后在"分析""非参数检验"的子菜单中选择"单样本",弹出如图 3.27 所示的对话框。

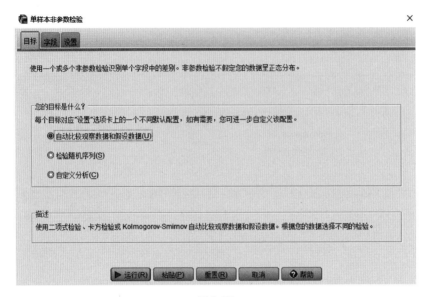

图 3.27

在上述对话框中,选择"自动比较观察数据和假设数据",单击"运行"按钮,即可在输出窗口中得到如图 3.28 所示的结果:

假设检验汇总

	原假设	测试	Sig.	决策者
1	由 category = normal 和 non_normal 定义的类别以 0.5 和 0.5 的概率发生。	单样本 Binomial 检验	.018	拒绝原假设。

显示渐进显著性。显著性水平是 0.05。

图 3.28

我们看到结果中的 Sig(即 p 值)为 0.018,与之前我们得到的 p 值 0.016(图 3.24)存在细微的差异,虽然在 0.05 的显著性水平下都可以拒绝原假设,但是毕竟结果不一样。爱较真的读者这里可能在这里感到疑惑,认为既然都是比例检验,应该得到的结果是一样的。其原因是 SPSS 认为 30 个样本属于大样本,因此在这里使用了正态分布去近似二项式分布,并基于这种近似求解 p 值,所以会产生细微的差异。为了确认这一点,我们可以将图 3.25 中的数据改为"10 个中观察到 2 个 BMI 正常"的情况,如图 3.29 所示:

category	num
normal	2
non_normal	8

(a)

名称	类型	宽度	小数	标签	值	缺失	列	对齐	度量标准	角色
category	字符串	12	0		无	无	13	≣ 左	♣ 名义(N)	↘ 输入
num	数值(N)	8	0		无	无	8	≣ 右	✐ 度量(S)	↘ 输入

(b)

图 3.29

然后重复以上相同的步骤,即可在输出窗口中得到如图 3.30 所示的结果:

假设检验汇总

	原假设	测试	Sig.	决策者
1	由 category = normal 和 non_normal 定义的类别以 0.5 和 0.5 的概率发生。	单样本 Binomial 检验	.109[1]	保留原假设。

显示渐进显著性。显著性水平是 0.05。

[1]对此检验显示准确显著性。

图 3.30

该结果中的 p 值与我们前面使用二项式分布得到的 p 值 0.109 376 是一样的,只是因为四舍五入的原因这里显示为 0.109。同时我们注意到,相对于图 3.28 中的文字说明格式,图 3.30 对于 Sig 值多了一行脚注"对此检验显式准确显著性",这是因为 SPSS 的内部判断逻辑中将 10 判为小样本,因此没有使用正态分布来近似二项式分布,而直接使用二项式分布的特征来计算 p 值。这与我们利用图 3.20 和表 3.3 来计算 p 值的过程是一样的,因此结果也是一样的。

实际应用中,我们可以直接使用图 3.23 的方法来进行比例检验。因为不管是大样本还是小样本,只要随机样本是相互独立的,那么基于二项式分布的比例检验都是可行的。但由于大样本条件下正态分布对二项式分布的近似在数学上刻画了两者之间的内部逻辑关系,从纯数理统计的角度来看自有其数学意义,同时也能够让比较有统计经验的人在没有计算机的情况下较快地对假设进行判断,因此,大部分基础统计书籍都保留了这一大样本近似推理方法。例如 Barry H. Cohen 的《Explaining Psychological Statistics》(第四版)中的第 19 章中介绍了大样本条件下使用正态分布近似进行比例检验的原理,而没有提到二项式分布。限于本书的目标和篇幅,对相关知识不宜过于展开,因此,对于具体如何使用正态分布近似二项式分布从而检验假设有兴趣的读者可参考该书第 19 章。

下面我们看一个比例检验的例子。

例 3.7 某高校有对新生成绩进行测试的传统。根据以往的经验,测试的 75% 分位数是 193 分。今年该高校对新生进行了同样的测试。由于改完全部学生的试卷需要一段时间,因此该高校随机抽取了 15 名新生的试卷,改完后得到他们的成绩分别为:213,173,229,185,199,213,202,193,174,166,248,189,233,195,160,那么这一届新生成绩的 75% 分位数还是 193 分吗?

这个问题看起来似乎不是比例检验,但经过转化其实就是一个比例检验。假设这一届新生成绩的 75% 分位数是 193 分,那么根据分位数的定义,随机地从总体中抽取一个学生成绩其小于等于 193 分的概率为 0.75。这样,如果"这一届新生成绩 75% 分位数为 193"这一假设成立,那么 15 个随机选取的样本中小于等于 193 分的个数应服从如表 3.4 所示的分布:

表 3.4

原假设成立下，15 个样本中正常的个数	出现的概率	原假设成立下，15 个样本中正常的个数	出现的概率
0	0. 000 000 000 9	8	0. 039 320 471 7
1	0. 000 000 041 9	9	0. 091 747 767 3
2	0. 000 000 880 1	10	0. 165 145 981 1
3	0. 000 011 441 3	11	0. 225 199 065 2
4	0. 000 102 971 7	12	0. 225 199 065 2
5	0. 000 679 613 1	13	0. 155 907 045 1
6	0. 003 398 065 5	14	0. 066 817 305 1
7	0. 013 106 823 9	15	0. 013 363 461 0

表 3.4 中的概率如图 3.31 所示。

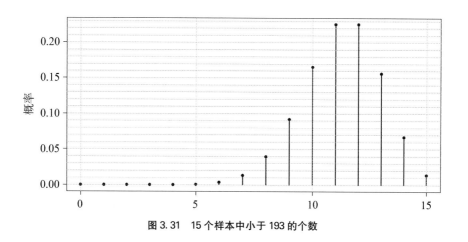

图 3.31　15 个样本中小于 193 的个数

结合图 3.31 和表 3.4 可知，如果原假设成立，应该有 95％以上的概率观察到 8 到 14 个整数小于 193 分，但是目前只观察到 7 个，这意味着原假设不太合理。从表 3.4 可以看出，显著性水平为 0.05 时的拒绝域为 0 到 7 之间的整数和 15。观察到的分数中有 7 个小于等于 193，落在拒绝域，因此在 0.05 的显著性水平上拒绝中位数等于 193 的原假设。事实上，15 个样本中只有 7 个小于 193，占比为 46.67％，远小于 75％，这意味着这一届学生成绩的 75% 分位数大于 193。

以上结果需要借助于统计软件或者查表进行计算,在 SPSS 中可以先在数据窗中输入如图 3.32 所示的数据。

	grade
1	213
2	173
3	229
4	185
5	199
6	213
7	202
8	193
9	174
10	166
11	248
12	189
13	233
14	195
15	160

图 3.32

不愿手工输入的读者可以直接打开数据文件 binom-test-exam. sav,选择"分析"中的"非参数检验",然后在二级菜单中选择"旧对话框"中的"二项式",在弹出窗口中将左边的"grade"变量选入右边的"检验变量列表"中。与前面不同的是,由于这里需要检验小于等于 193 的概率,因此不能直接使用"从数据中获取",而需要选择"割点"并设置割点为 193,如图 3.33 所示。

设置完成之后,SPSS 会自动将"grade"变量与割点进行比较,统计大于 193 与小于 193 的个数,这样连续变量"grade"就变成了只有两个取值的二分变量(dichotomous variable),可认为是 0 或者 1,这样数据在计算

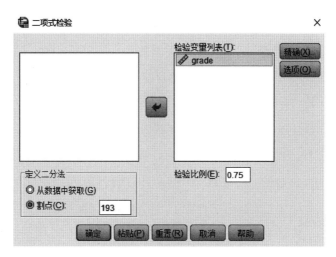

图 3.33

机内部就变成与图 3.22 所示数据形式一致,从而可以采取与之相适应的比例检验方法。由于本例中需要检验小于等于割点 193 的概率是否为 0.75,因此图 3.33 中的"检验比例"设置为 0.75。按照图 3.33 设置完毕后,单击确定,在输出窗口得到如图 3.34 的结果:

二项式检验

		类别	N	观察比例	检验比例	精确显著性 (单侧)
grade	组 1	<= 193	7	.47	.75	.017[a]
	组 2	> 193	8	.53		
	总数		15	1.00		

a. 备择假设规定第一组中的案例比例小于 .75。

图 3.34

该结果与图 3.24 中的结果有一些差异。首先,图 3.24 中给出的是双侧 p 值。也就是说当在图 3.33 中设置的"检验比例"等于 0.5 时,SPSS 将进行双尾检验,给出双侧 p 值,对应的原假设是"等于 0.5";而设置的"检验比例"不等于 0.5 时,进行的是单尾检验,输出给出的是单侧 p 值。从图 3.34 中的脚注"a. 备择假设规定第一组中的案例比例小

于 . 75"可以看出,该检验的备择假设 H_1 是:

H_1：第一组(即小于等于 193)中的案例比例小于 0.75

由原假设和备择假设的关系,我们知道原假设 H_0 是:

H_0：第一组(即小于等于 193)中的案例比例大于等于 0.75

这样,我们结合表 3.4 就很好理解为何图 3.34 中的 p 值是 0.017,这是因为 H_0 假设下, p 值为表 3.4 中 0 到 7 所有概率之和,即: 0.017 约等于 0.000 001＋0.000 011＋0.000 103＋0.000 680＋0.003 398＋0.013 107。四舍五入的原因导致了细微的误差。根据该结果,"即小于等于 193 中的案例比例大于等于 0.75"的原假设在 0.05 的显著性水平下被拒绝。

需要说明的是,如果图中指定的比例小于 0.47,比如 0.35,如图 3.35 所示:

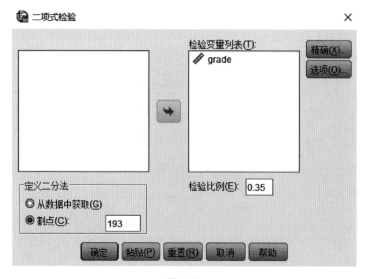

图 3.35

那么此时的输出结果中没有类似于"a. 备择假设规定第一组中的案例比例小于…"的脚注,而是如图 3.36 所示。

二项式检验

		类别	N	观察比例	检验比例	精确显著性（单侧）
grade	组 1	<= 193	7	.47	.35	.245
	组 2	> 193	8	.53		
	总数		15	1.00		

图 3.36

这时,该检验的原假设是:

H_0: 第一组(即小于等于 193)中的案例比例小于等于 0.35

备择假设是:

H_1: 第一组(即小于等于 193)中的案例比例大于 0.35

由于图 3.36 中假设"H_0: 第一组(即小于等于 193)中的案例比例小于等于 0.35"对应的 p 值为 0.245,因此在 0.05 的显著性水平上不能拒绝该假设。但这并不意味着 193 就是这届学生成绩的 35% 分位数。事实上如果把图 3.35 中的"检验比例"改为 0.25,得到的单侧 p 值约为 0.057,因此也不能拒绝"第一组(即小于等于 193)中的案例比例小于等于 0.25"的原假设。这也不能表明 193 就是该届学生成绩总体的 25% 分位数就是 193。因为我们不能同时说小于等于 193 的案例比例既等于 35% 也等于 25%。

再看一个广为流传的例子:女士品茶。

例 3.8　传说 20 世纪 20 年代后期在英国剑桥一个炎炎夏日的午后,一群大学的绅士和他们的夫人们,正围坐在户外的桌旁享用下午茶。在品茶过程中,一位女士坚称:把茶加进奶里或把奶加进茶里,先后顺序的不同,会使茶的味道不同。著名统计学家罗纳德·艾尔默·费希尔(R. A. Fisher)对这个问题很感兴趣,于是设计了一个实验对此进行检验。在实验中,坚持不同顺序调制的茶有不同味道的那位女士被奉上一连串的已经调制好的茶,其中,有的是先加茶后加奶制成的,有的则是先加奶后加茶制成的。几分钟内，他们在那位女士看不见的地方调制出不同类型的茶米。然后为那位女士奉上这些调制好的茶，请她断言哪一杯是先倒的茶后加的奶。假设这位女士 10 杯中猜对了 8 杯，可能很多人的直觉会认为她真的能够分别其中的差异，因为 10 次中猜中 8 次好像已经很不容易了；也可能有人会说，既然这位女士能分别其中的差异，那么她应该 10 次都猜中才行。

这个例子中的问题是，如果这位女士没有区分能力，她也有 50% 的机会猜对，也就是说一般人在 10 杯之中猜对 5 杯，如果运气好猜对 8 杯也没什么了不起。同样，即便这位女士能做出区分，也可能由于存在随机因素的干扰，比如其中的一杯与奶没有充分地混合，或者是泡制时茶水不够热，她仍然有猜错的可能。因此，即便这位女士能做出区分，也很有可能是奉上了 10 杯茶，她却只是猜对了其中的 8 杯。

那么，到底该如何思考呢？这就与我们的原假设有关。如果我们假定该女士没有能力区分，那么原假设就是：

H_0：**该女士每次判断正确的概率为** 0.5

根据我们之前介绍的方法，首先在 SPSS 的数据输入窗口中输入变量和数据如图 3.37 所示。

name	num
Right	2
Wrong	8

(a)

名称	类型	宽度	小数	标签	值	缺失	列	对齐	度量标准	角色
name	字符串	8	0		无	无	8	左	名义(N)	输入
num	数值(N)	8	0		无	无	8	右	度量(S)	输入

(b)

图 3.37

在"数据""加权个案"中按照与图 3.26 中相同的方法选择"加权个案",并将"num"变量选入右边的"频率变量"里面,点击确定,然后在"分析""非参数检验"的子菜单中选择"单样本",在弹出如图 3.27 所示的对话框中选择"自动比较观察数据和假设数据",然后单击"运行",在输出窗口得到如图 3.38 所示的结果:

假设检验汇总

	原假设	测试	Sig.	决策者
1	由 name = Right 和 Wrong 定义的类别以 0.5 和 0.5 的概率发生。	单样本 Binomial 检验	.109[1]	保留原假设。

显示渐进显著性。显著性水平是 .05。

[1] 对此检验显示准确显著性。

图 3.38

结果表明,10 杯中猜对 8 杯对应的 p 值为 0.109,结果为使用精确的二项式分布进行计算所得。因此,在 0.05 的显著性水平下我们无法拒绝 H_0。所以没有很强的证据表明该女士能作出正确区分。

以上初步介绍了比例检验的原理,主要用于确定未知总体中某个特征的个体所占比例是否等于某个假设的 0 到 1 之间的值,这与针对连续变量的单样本 t 检验原理相似,只不过这里的变量是离散类型,因此数学细节存在差异,但原理相似。事实上,总体中的比例可以看作总体的均值,比如 BMI 的例子中,正常的比例(记为 p_{normal})其实就是所有正常的案例个数相加除以总数,总数为正常案例的个数加上不正常案例的个数,即:

$$p_{normal} = \frac{N_{normal}}{N_{total}} = \frac{N_{normal}}{N_{normal} + N_{abnormal}} \tag{3.1}$$

如果我们把正常的案例标记为 1,非正常的案例标记为 0,那么总体中 1 的个数为 N_{normal} 个,0 的个数为 $N_{abnormal}$ 个。根据 1.2.4 节中总体均值的定义：

$$\mu = \frac{\sum_{i=1}^{N_{total}} x_i}{N_{total}} = \frac{\sum_{i=0}^{N_{normal}} (1) + \sum_{i=0}^{N_{abnormal}} (0)}{N_{total}} = \frac{N_{normal}}{N_{total}} = p_{normal} \qquad (3.2)$$

因此，总体中的比例在恰当的定义下即为总体均值。

有了这种相似性，读者可能自然会想到能否存在与独立样本 t 检验类似的比例检验呢？比如"男生和女生的选择教育学专业的比例存在差异吗""男女住校比例存在差异吗"等就是这样的问题。这样的问题并不需要知道总体中比例等于多少，而只是问不同的总体中某个事件发生的概率是否相等。尽管我们这里不再介绍具体的细节，但我们应该能想到这时应该需要根据样本中比例的差异来推断总体中是否存在差异，如果差异过大，那么就应该拒绝没有差异的原假设，具体的方法读者可参考一些书籍中的"卡方检验"，比如 Barry H. Cohen 的 *Explaining Psychological Statistics* 和王孝玲老师的《教育统计学》。

3.4　相关系数检验示例

通过对前面几个例子的分析，我们看到实际上本书总是围绕均值的判断（单样本 t 检验、比例检验）、估计（总体均值的区间估计）和比较（独立样本 t 检验和配对样本 t 检验）在展开。这些是科学研究中探索两个变量之间的因果关系时常用的统计方法。一般我们把作为原因的变量叫做自变量（或者称为独立变量，independent variable），比如弗林效应例子中的时间，皮格马利翁效应实验中的老师对学生的期望；把被影响的变量作为因变量或者结果变量（或者称为依赖变量，dependent variable），比如智商或者学习成绩。利用前述的实验设计方法，我们能确定自变量对因变量的效应。通常的做法是，通过精心的实验设计创设两种不同的情景,这两种情景可认为其分别对应于某个自变量两个不同取值,测量并收集被试在自变量两种不同取值下的结果,通过比较这两种情形下的收集到的样本数据,就能推断其对应总体是否存在差异。如果统计结果表明在一定的显著性上总体的均值存在差异,结合实验设计的逻辑,我们就能有较大的把握说自变量导致了因变量的变化。这时我们就可以说发现了两个变量之间的因果关联。

在这种科学研究框架下,我们往往是操纵自变量,比如是否让老师对某些学生存在特别的期望,通过随机化的实验设计控制其他因素的影响,并随后测量或者观察自变量取不同值条件下因变量的取值,比如智商,就能回答或者判定提出的科学假设。因此,在一个具体的实验研究中,测量的对象往往只涉及一个因变量。

但在某些科学研究中,研究的目的未必是发现两个变量之间的因果关联,而是证实或者发现它们之间是否存在相关性。例如,一些理论可能预测父母的智商与其后代子女的智商存在正相关性,为了验证这种推测研究者需要收集样本,通过样本推断总体中是否存在这种相关性。变量之间的相关性还可用于预测,如果两个变量存在相关性,那么我们就可以用一个变量预测另外一个变量。例如,学生的平时成绩与期末考试成绩存在较强的相关性,因此,我们可根据学生的平时成绩来预测他们的期末考试成绩。

值得指出的是,两个变量之间存在相关性并不代表它们之间存在因果关系。比如,在某项研究中,研究人员随机抽取了不同年龄阶段的被试者 60 000 人,同时测量了这些人每天走的步数和他们的胆固醇水平,发现胆固醇水平与运动量存在正相关关系(如图 3.39 中"每日步数"与"胆固醇水平"的关系),即一个人每天走的步数越多其胆固醇水平越高,我们这时就不能简单地说运动导致了胆固醇的升高,因为这不符合医学常识。其可能的原因是,随着年龄的增加,人们的总体健康水平下降,胆固醇水平越来越高,也越来越注重运动,因此每天锻炼身体的时间也增加,所以我们看到了每日步数与胆固醇水平的正相关关系。如果我们观察每个年龄阶段内的每日步数和胆固醇水平的关系(也就是所谓控制年龄这个变量),我们很可能观察到它们之间的负相关关系,如图 3.39 所示。

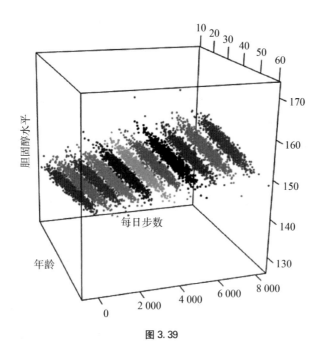

图 3.39

为了研究变量之间的相关性,至少需要测量每个个体的两个变量,比如为了研究城市或者地区的人均收入与教育质量的相关性,需要测量样本中每个城市或者地区的人均收入和教育质量(比如生师比、PISA 测试成绩等),如果需要研究学生睡眠时间与其学习成绩之间的关系,就需要测量样本中每个学生的睡眠时间和学习成绩。这与实验研究只需要测量一个变量有所不同。

下面我们看两个使用相关性方法研究教育的例子。

例 3.9　健康的生活习惯和优秀的学习成绩可能都与良好的自我管理能力有关,例如 Perko 等(1995)发现 GPA 越低的大学运动员越容易发展不良的生活方式。Trockel 等(2000)在一所大型私立大学随机抽取了200 个大学生,通过问卷研究了他们的运动、饮食、睡眠习惯、情绪、压力、时间管理、每周工作时间等健康相关行为与 GPA 的相关关系。他们的研究发现这些变量中早上醒来的时间与 GPA 的相关关系最强。早上醒来时间与 GPA 的数据见文件 wakeup-time-academic-performance. sav。在 SPSS 中打开该文件,通过在"图形""图表构建程序"中选择"库"标签中的"散点图",并将"简单散点图"(图 3.40 中的右下方阴影所示),拖入右上方的"图标预览使用实例数据"框中,然后将左上侧的"wakeup_time"变量拖到"图标预览使用实例数据"框中的横轴,将左上侧的"GPA"变量拖到"图标预览使用实例数据"框中的纵轴,如图 3.40 所示。

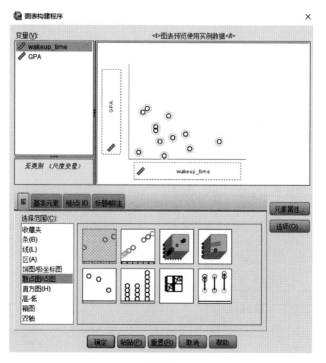

图 3.40

按照图 3.40 所示设置完毕,单击该图中所示"确定"按钮,在输出窗口得到如图 3.41 所示的散点图:

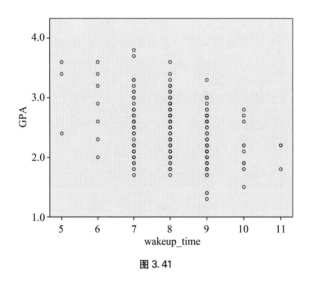

图 3.41

该图中可以较清晰地看到早上醒来时间(wakeup_time)与 GPA 存在负相关,早上醒来越早的学生 GPA 越高,醒来晚的学生 GPA 相对较低。为了确定相关系数的具体大小,在"分析""相关"菜单中选择"双变量",按照图 3.42 中设置如下:

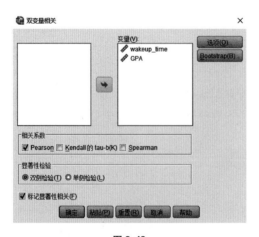

图 3.42

单击"确定",在输出窗口得到如下结果：

描述性统计量

	均值	标准差	N
wakeup_time	8.10	1.027	200
GPA	2.477	.4759	200

(a)

相关性

		wakeup_time	GPA
wakeup_time	Pearson 相关性	1	-.350**
	显著性（双侧）		.000
	N	200	200
GPA	Pearson 相关性	-.350**	1
	显著性（双侧）	.000	
	N	200	200

**. 在 .01 水平（双侧）上显著相关。

(b)

图 3.43

该结果表明根据 200 个样本计算所得相关系数为 -0.350，这说明相对于其他变量，早上醒来时间与 GPA 具有较强的相关性。如果这 200 个样本就是总体，那么 0.350 就是总体中早上醒来时间与 GPA 的相关性。但是这里 200 只是样本量，而且该研究需要回答的问题是该大学的学生中早上醒来时间是否与 GPA 存在相关性，因此这里需要根据样本中得到的相关性推断总体中的相关性。在假设检验的框架下，原假设为：

H_0：早上醒来时间与 GPA 不相关，即 $\rho = 0$

如何去检验该假设呢？自然，根据前面所学到的假设检验的逻辑，只要我们知道了相关系数的抽样分布即可根据计算得到的样本相关系数来判断该相关系数是否出现在不太可能出现的拒绝域内，如果样本相关系数出现在概率很小的区域之内，我们就能拒绝原假设。

相关系数抽样分布的形态与总体相关系数的大小和样本量有关。

总体相关系数为 0 时，相关系数的抽样分布是正态分布；当总体相关系数不等于 0，而样本数 n 比较大时，相关系数的抽样分布接近于正态；当总体相关系数比较大时，比如 0.9，即使样本数 n 比较大，其抽样分布也呈偏态。实际应用中，如果原假设是相关系数为 0，那么如下的 T 统计量服从自由度为 n−2 的 t 分布：

$$t_r = \frac{r\sqrt{n-2}}{\sqrt{1-r^2}} \tag{3.3}$$

因此，如果选定显著性水平为 0.05，那么接受域为自由度为 198 的 t 分布的 0.025 分位数（−1.972 017）和 0.975 分位数（1.972 017）之间的区域，如图 3.44 所示。

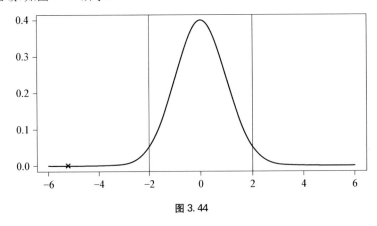

图 3.44

由于该例中，

$$t_r = \frac{r\sqrt{n-2}}{\sqrt{1-r^2}} = \frac{-0.35 \times \sqrt{198}}{\sqrt{1-0.35^2}} = -5.257\,473$$

落在了 0.05 显著性水平的拒绝域，因此可以在 0.05 的显著性水平上拒绝不相关的原假设。即有较强的证据表明，早上醒来的时间与 GPA 之间存在负的相关。

虽然我们进行假设检验时，大多数时候原假设都是 0，比如两个变量不相关即相关系数为 0，两个总体均值无差异即均值差异为 0 等等，这也确是 SPSS 中的标准做法。但在某些时候，我们的原假设可能是某个不等于 0 的常数。当原假设中总体的相关系数不为 0 时，上述方法不再适用。统计学家费希尔(R. A. Fisher)提出了一种将相关系数的抽样分布转换为正态分布的方法，他证明只要将样本相关系数 r 作如下式(3.4)的变换，得到的新的基于样本的统计量 z_r：

$$z_r = \frac{1}{2}\ln\left(\frac{1+r}{1-r}\right). \tag{3.4}$$

当样本量较大时该统计量 z_r 近似服从均值为：

$$z_\rho = \frac{1}{2}\ln\left(\frac{1+\rho}{1-\rho}\right). \tag{3.5}$$

标准差为 $\dfrac{1}{\sqrt{n-3}}$ 的正态分布，式(3.5)中 ρ 为总体的相关系数。

为了验证式(3.4)的有效性，我们随机地从两个变量的相关性为 0.95 的总体中每次随机抽取 25 个样本(两个变量的均值分别均为 0，标准差均为 1)，并基于这 25 个样本中对应的两个变量值计算其样本相关性，同时使用式(3.4)计算 z_r，重复 10 000 次，分别记录下样本相关系数和对应的式(3.4)的 z_r，然后使用直方图绘制这 10 000 次重复抽样中相关系数与 z_r 的概率分布，如图 3.45 所示：

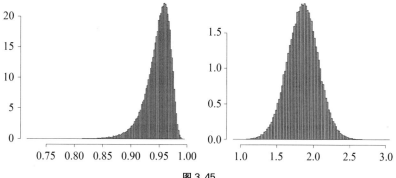

图 3.45

通过图 3.45，我们看到当总体相关系数不为 0，相关系数的抽样分布为偏态(如图 3.45 左所示)，而将得到的样本相关系数经过式(3.4)的变换后，对应的变量 z_r 呈正态分布形状。这说明式(3.4)是有效的。但要注意如果样本量太小，比如小于 25，式(3.4)所示的 Fisher 变换存在较大误差[①]。下面用一个例子看如何使用式(3.4)进行假设检验。

例 3.10 从高一学生中随机抽取 30 个学生，其数学与物理成绩的线性相关系数为 0.75，试问从总体上讲，该样本是否来自相关系数为 0.5 的总体？

H_0：假设该样本来自相关系数为 0.5 的总体

那么经过式(3.4)的变换，原假设 $\rho = 0.5$ 对应的 $z_\rho = 0.5 \ln \dfrac{1.5}{0.5} = 0.5\,493\,061$，样本相关系数 $r = 0.75$ 对应的 $z_r = 0.5 \ln \dfrac{1.75}{0.25} = 0.9\,729\,551$。由于，样本量为 30，因此变换后样本量距离原假设的距离为：

$$z = \frac{z_r - z_\rho}{\sqrt{\dfrac{1}{n-3}}} = \frac{0.972\,955\,1 - 0.549\,306\,1}{\sqrt{\dfrac{1}{30-3}}} = 2.201\,345 \quad (3.6)$$

如果显著性水平选取 0.05，我们知道其对应的临界值为 -1.96 和 1.96。由于 2.2 大于 1.96，落在拒绝域，因此在 0.05 的显著性水平上可以拒绝总体中数学与物理成绩相关系数为 0.5 的零假设。同时由于 0.75 大于 0.5，因此，我们可以认为总体中数学和物理成绩的相关系数大于 0.5。

除了可以对特定相关系数的假设值进行，式(3.4)所示的 Fisher 变

[①] 可参考 Ersin Ogus 等 2007 年发表在《Communications in Statistics—Simulation and Computation》上的文章(36：847—854)；也可参考 Michael H. Kunter 等编写的《应用线性统计模型》(第五版)第 2 章的第 11 节(p：85)。

换还可用于计算相关系数的区间估计。由于相关系数 r 通过(3.4)变换后得到的新变量 z_r 服从标准差为 $1/\sqrt{n-3}$ 的正态分布,因此,我们根据之前所学可以很快计算得到总体相关系数对应的变换值 z_ρ 的 95% 置信区间为(参考式 2.4):

$$\left[z_r - \frac{1.96}{\sqrt{n-3}}, \; z_r + \frac{1.96}{\sqrt{n-3}} \right] \tag{3.7}$$

上式中 1.96 为标准正态分布的 0.025 分位数 -1.96 的绝对值,如果需要得到 z_r 的 99% 置信区间,只需要将(3.7)中的 1.96 换成标准正态分布的 0.005 分位数的绝对值,即 2.58;依次类推,其间可能要借助计算机。式(3.7)只与经过样本得到的相关系数和样本量有关,它能以 95% 的概率包含(覆盖)未知的总体相关系数。这时,如果要得到相关系数的 95% 置信区间,只需要从式(3.4)中反向求解出 r,即:

$$r = \frac{e^{2z_r} - 1}{e^{2z_r} + 1} \tag{3.8}$$

由于在(3.7)中已经得到了 z_r 的 95% 置信区间,因此只需要分别将式(3.7)中的最大值和最小值分别代入式(3.8)便可得到相关系数的 95% 置信区间,如下:

$$\left[\frac{e^{2\left(z_r - \frac{1.96}{\sqrt{n-3}}\right)} - 1}{e^{2\left(z_r - \frac{1.96}{\sqrt{n-3}}\right)} + 1}, \; \frac{e^{2\left(z_r + \frac{1.96}{\sqrt{n-3}}\right)} - 1}{e^{2\left(z_r + \frac{1.96}{\sqrt{n-3}}\right)} + 1} \right] \tag{3.9}$$

例 3.10 中,样本相关系数 $r = 0.75$ 对应的 $z_r = 0.5 * \ln(1.75/0.25) = 0.972\,955\,1$,同时由于标准差为 $1/\sqrt{n-3} = 1/\sqrt{27} = 0.192\,450\,1$,因此总体相关系数对应的变换值 z_ρ 的 95% 置信区间为:

$$[0.972\,955\,1 - 1.96 \times 0.192\,450\,1, \; 0.972\,955\,1 + 1.96 \times 0.192\,450\,1]$$

$$[0.595\,752\,9, \; 1.350\,157]$$

将上式中的 0.595 752 9 和 1.350 157 分别代入式(3.8),代替其中的 z_r,计算得到总体相关系数的 95% 置信区间为:

$$[0.534\ 020\ 5,\ 0.874\ 090\ 3]$$

即该区间包含例 3.10 中总体中数学和物理成绩的相关系数的可能性为 95%。由于该区间不包含 0.5,因此可以在 0.05 的显著性水平上拒绝总体系数为 0.5 的原假设,这与之前使用假设检验的方法得到的结论是一致的。

与独立样本 t 检验类似,我们有时候需要比较两个独立样本对应的总体相关系数是否存在差异,这时也可以使用式(3.4)所示的 Fisher Z 变换进行分析。请看下面的例子:

例 3.11 为了研究焦虑对学习成绩的影响,研究人员随机选取了某个地区 309 个高中生,通过问卷测量了他们的焦虑程度,获取了他们的复习时间,并通过学校得到了他们的平时成绩,数据见文件 AnxietyExam. sav。该研究人员首先分析了"Anxiety"、"Exam"和"Revise"三个变量之间的相关性,通过 SPSS 中"图形""图表构建程序"中的对话框(参考图 3.40 中的方法),选择"散点图矩阵"绘制这三个变量之间的散点图,如图 3.46(左)所示[①],以确认其是否适合使用线性相关系数进行分析。

从图 3.46 中可以看出,"Anxiety"、"Exam"和"Revise"等三个变量两两之间呈现比较明显的线性关联,因此可以用线性相关系数刻画它们之间的关系。通过在 SPSS 中"分析""相关"菜单中选择"双变量",按照图 3.47 中设置如下:

---

① 也可使用 R 中的 pairs 命令绘制三个变量两两之间的散点图,相对美观一点,如图 3.46(右)所示。

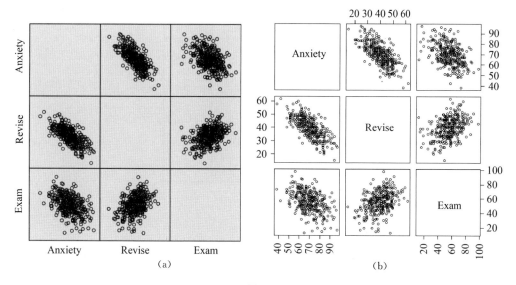

图 3.46

图 3.47

单击图 3.37 中的"确定",结果如图 3.48 所示:

这说明"Anxiety""Exam"和"Revise"三个变量之间存在较显著的相关性,其中"Anxiety"与"Exam"存在负相关,样本相关系数为 −0.447,与"Revise"存在负相关,样本相关系数为 −0.71,"Exam"和"Revise"之间存

相关性

		Anxiety	Exam	Revise
Anxiety	Pearson 相关性	1	-.447**	-.710**
	显著性（双侧）		.000	.000
	N	309	309	309
Exam	Pearson 相关性	-.447**	1	.389**
	显著性（双侧）	.000		.000
	N	309	309	309
Revise	Pearson 相关性	-.710**	.389**	1
	显著性（双侧）	.000	.000	
	N	309	309	309

**. 在 .01 水平（双侧）上显著相关。

图 3.48

在正相关，其样本相关系数为 0.389。进行以上初步的分析后，该研究者
想知道男生和女生在焦虑水平和学习成绩的相关性方面是否存在差异，
因此他通过在 SPSS 中"数据""拆分文件"中的"分割文件"对话框，将获
得样本拆分为"男生"和"女生"两个子集，如图 3.49 所示：

图 3.49

然后在此基础上，选取"分析""相关"中的"双变量"分别对男生和女
生的焦虑程度与学习成绩的相关性进行分析，如图 3.50 所示：

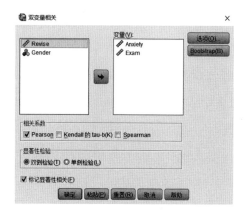

图 3.50

单击图 3.50 中的"确定"按钮,得到结果如图 3.51 所示:

Gender = Male

相关性^a

		Anxiety	Exam
Anxiety	Pearson 相关性	1	-.452**
	显著性（双侧）		.000
	N	151	151
Exam	Pearson 相关性	-.452**	1
	显著性（双侧）	.000	
	N	151	151

**.在 .01 水平（双侧）上显著相关。
a. Gender = Male

Gender = Female

相关性^a

		Anxiety	Exam
Anxiety	Pearson 相关性	1	-.441**
	显著性（双侧）		.000
	N	158	158
Exam	Pearson 相关性	-.441**	1
	显著性（双侧）	.000	
	N	158	158

**.在 .01 水平（双侧）上显著相关。
a. Gender = Female

图 3.51

从输出结果可以看到:焦虑程度与学习成绩在男生样本中的相关系数为 $r_{male} = -0.452$,在女生样本中的相关系数为 $r_{female} = -0.441$,且在 0.01

的水平上均显著区别于 0。这说明不管是男生还是女生，焦虑程度都与学习成绩呈显著的负相关。接下来我们可能想知道：男生中焦虑程度与成绩的相关性是否与女生中焦虑与成绩的相关性存在差异？根据式 (3.4) 中 Fisher 变换的原理，我们知道将 r_{male} 和 r_{female} 通过式 (3.4) 变换后其对应的新变量 $z_{r_{male}}$ 和 $z_{r_{female}}$ 近似服从方差分别为 $1/(n_{male} - 3) =$ $1/(151 - 3)$ 和 $1/(n_{female} - 3) = 1/(158 - 3)$ 的正态分布，其中 151 和 158 分别为 309 个样本中男生和女生的数量。由于所有样本是独立随机抽取的，因此男生和女生样本也是独立的，这时如果我们定义一个新的统计量 $z_{difference} = z_{r_{male}} - z_{r_{female}}$，则 $z_{difference}$ 为正态分布，且其方差 $\sigma_{z_{difference}}$ 为 $1/(n_{male} - 3) + 1/(n_{female} - 3) = 1/(151 - 3) + 1/(158 - 3)$ [1]。因此，根据我们之前学到的假设检验基本原理，如果 $z_{difference}$ 太大，落到了预先设定的显著性水平对应的拒绝域，我们就有理由认为男生和女生中焦虑程度与成绩的相关系数大小存在差异。

综合以上分析，该例中我们可以计算如下统计量：

$$\frac{z_{difference}}{\sqrt{\sigma_{z_{difference}}}} = \frac{z_{r_{male}} - z_{r_{female}}}{\sqrt{\dfrac{1}{(n_{male} - 3)} + \dfrac{1}{(n_{female} - 3)}}} \tag{3.10}$$

如果显著性水平设定为 0.05，那么式 (3.10) 中计算得到的统计量的绝对值如果大于 1.96，就可在 0.05 的显著性水平上拒绝男生和女生中焦虑程度和成绩相关系数相等的原假设；否则，证据不足保留原假设。由于 $r_{male} = -0.452$，$r_{female} = -0.441$，因此根据式 (3.4) 我们有 $z_{r_{male}} = -0.487$，$z_{r_{female}} = -0.473$，代入式 (3.10)：

---

[1] 这是因为任意两个独立的正态分布的随机变量相加得到的新的随机变量还是正态分布，且均值为它们各自均值之和，方差为它们方差之和。一般的概率统计教科书上都有该结论，读者可以参考。

$$\frac{z_{difference}}{\sqrt{\sigma_{z_{difference}}}} = \frac{z_{r_{male}} - z_{r_{female}}}{\sqrt{\dfrac{1}{(n_{male} - 3)} + \dfrac{1}{(n_{female} - 3)}}}$$

$$= \frac{-0.487 - (-0.473)}{\sqrt{\dfrac{1}{(151 - 3)} + \dfrac{1}{(158 - 3)}}}$$

$$= \frac{-0.014}{0.115}$$

$$= -0.122$$

由于 0.122 小于 1.96，因此，在 0.05 的显著性水平上不能拒绝男生和女生中焦虑与成绩相关系数无差别的原假设。

得到了两个变量之间的相关系数，就可以利用其中一个变量预测另外一个变量。根据图 3.48 中的结果，如果知道了某个学生的焦虑水平的 z 分数 $z_{Anxiety} = 0.8$，就可以预测该学生的成绩的 z 分数 z_{Exam} 为：

$$z_{Exam} = r \cdot z_{Anxiety}$$

$$= -0.447 \times 0.8$$

$$= -0.36$$

根据 z 分数的定义，我们可以估算出该学生的成绩为 $55.46 + (-0.36) \times 14.814 = 50.13$，其中 55.46 和 14.814 分别为样本中"Exam"变量的均值和标准差，它们可通过第一章中介绍的方法计算得出，这里不再赘述。理论上可以证明，得到两个变量之间的相关系数 r 后，用其中一个变量的 z 分数乘以它们之间的相关系数就是两外一个变量的最优预测值。如果分别用 x 和 y 表示这两个变量，该预测关系可以表示为：

$$z_y = r_{xy} \cdot z_x \tag{3.11}$$

式(3.11)意味着：如果两个变量不是完全线性相关（即相关系数绝对值不为 1），那么一个变量的极端值往往对应着另外一个变量不那么极端的值,看起来好像另外一个变量向着其平均值的方向"回归"了。这种现象被称为"均值回归",在我们日常生活中经常可以感受到。比如,身高很高父母的小孩虽然一般也很高,但往往没他们那么高;第一次考试中分数比较高的学生第二次考试分数也高,但往往没他们第一次那么高。这是因为父母小孩身高以及两次考试之间的成绩虽然存在较强的相关性,但是并不是完美的线性相关,即式(3.11)中的 r_{xy} 小于1,因此如果一个变量的 z 分数为比较极端的值,比如3时,其对应的另外一个变量的 z 分数取值要被小于1的 r_{xy} 打一个折扣,注意到 z 分数实际上表示的是个体在群体中的相对位置,这就导致了我们看到的均值回归现象,但其实是一个统计规律。

相关系数的大小表征了两个变量之间线性相关性的强弱,相关系数的绝对值越接近于1,两个变量之间的相关性越强,相关系数的绝对值越接近于0,两个变量之间的相关性越弱。但一般地,我们使用相关系数 r 的平方,即 r^2,来表示变量之间关系的强弱。相应地,r^2 在 0 到 1 之间变化,r^2 越大表示两个变量之间的相关性越强,r^2 越小表示两个变量之间的相关性越弱。我们称 r^2 为决定系数(coefficient of determination),它表示一个变量的变化或者方差在多大程度上能被另外一个变量解释,这一点可以很清晰地反映在变量之间的散点图上:决定系数越大,两个变量之间的规律性越强,知道其中一个变量取值的情况下就能越准确地预测另外一个变量的取值,预测的不确定程度很小;决定系数越小,两个变量之间的规律性越弱,预测的不确定程度变大。这一点可以通过图 3.52 说明。不考虑年终奖等其他因素的情况下,一个人的月薪和年薪之间存在完美的线性关系,相关系数为1,其决定系数也等于1,知道了月薪马上就可以很准确地预测其年薪,没有任何不确定性,因此图 3.52(a)所示月薪和年薪的散点图就是一条完美的直线,呈现出非常强的规律性;此时月薪这个变量可以 100% 解释年薪的差异(即方差),$r^2 = 1$。

图 3.52(c)中所示散点图为相关系数和决定系数均为 0 的情况,该图是大学生群体中的"鞋码"和智商两个变量的散点图。从中看不出鞋码与成绩的任何关系,完全没有规律,给定某个学生的鞋码无法得到其 IQ 的任何预测信息;此时,鞋码这个变量不能解释智商变量的任何变化,$r^2 =$ 0。而图 3.52(b)则为决定系数为 0.36(相关系数 r 为 0.6)的情况,该图模拟了智商与成绩之间的关系。从中可以看出智商越高的学生成绩趋向于越好,给定一个学生的智商我们可以对其成绩作出较为合理的判断(利用式 3.11),不至于像图 3.52(c)中毫无规律,也不至于像图 3.52(a)中十分确定;此时,智商这个变量可以解释成绩变量方差的 36%,$r^2 =$ 0.36。

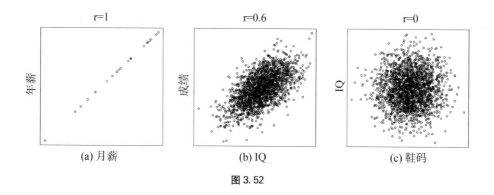

图 3.52

　　尽管我们在说明决定系数的意义时使用了"解释"这个词,但这并不意味着两个变量之间存在因果关系。一般地,我们认为大小为 0.01 的决定系数表示弱相关,0.09 的决定系数表示中等强度的相关,而超过 0.25 的决定系数则表示较强的相关。需要指出的是,这个说法只是框架性的参考,说的是社会科学和行为科学中的一般情况。比如,大小为 0.8 的决定系数在物理学中可能代表一个很弱的相关。因此,在具体的研究中,相关性的强弱需要结合实际研究背景和领域研究文献具体分析。

　　需要说明的一点是,两个变量之间的决定系数为 0 并不代表两个变量没有任何关系,而只能说它们的线性相关性为0。例如,我们所熟知的正弦函数关系 $y=\sin(x)$ 表示的是变量 x 与 y 的关系,它在 $[0, \pi]$ 区间的图像如图3.53所示,在该区间内,x 与 y 的线性相关系数为0,但该区间内变量 x 与变量 y 之间存在严格、确定性的正弦函数关系,是一种确定的非线性关系,因此我们不能说它们没有关系。一般情况下我们说的相关系数,其全称为 Pearson 线性相关系数,也叫积差相关系数,它刻画的是两个变量之间的线性相关关系,因此用它来刻画图3.53所示的非线性关系时就不能完整地反映其中的规律。

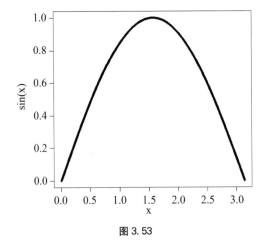

图 3.53

利用图3.48给出的结果可以计算出"Anxiety"、"Exam"和"Revise"三个变量两两之间的决定系数分别为:

$$r_{Anxiety, Exam}^2 = (-0.447)^2 = 0.199\ 8,$$

$$r_{Anxiety, Revise}^2 = (-0.710)^2 = 0.501\ 4,$$

$$r_{Revise, Exam}^2 = (-0.447)^2 = 0.151\ 3。$$

这意味着焦虑程度可以预测复习时间差异的50.14%,也就是说由于各种原因学生与学生复习的时间存在个体差异,有的学生复习时间多一点,有的少一点,而他们的焦虑程度可以解释他们复习时间差异的 50%。考虑到人的行为的复杂性和高度的不可预测性,这其实是一个很强的关联。同时,我们还可以看到焦虑成绩只能解释成绩的不到 20% 的差异,复习时间能解释成绩约 15% 的差异,这也是比较合理的,毕竟成绩是由多方面的因素影响和决定的,比如个体智商、学习方法、师资水平、家庭的社会经济状况、学校环境等等。

学到这里,一些读者往往会很自然问到一个问题,二分变量(dichotomous variable)能不能与连续变量做相关分析。比如,例 3.4 中的"posttest"变量是否可以和"group"变量做相关分析? 回顾第 1 章中提到的相关系数的计算公式(参考式 1.17),我们就知道如果把二分变量分别编码为 0 和 1,使用这些公式对例 3.4 中的"posttest"变量和"group"变量求相关系数在数值计算上是没有什么问题的。所以读者心中的问题可能是: 这样的计算到底有没有意义? 如果可以做相关分析,它和之前我们学过的独立样本 t 检验存在什么关系? 尤其是懂一些线性回归方法的读者可能还会有这样的问题,那就是连续变量是否可以对二分变量进行回归,结果到底有没有意义? 与这里我们提出的是否可以对它们进行相关分析又有什么联系?

先来回答第一个问题: 二分变量可以与连续变量做相关分析,且有明确的意义,我们使用例 3.4 中的实验数据说明这一问题。首先,"group"取值为 0 或者 1,分别代表控制组和实验组,其中实验组的分数显著高于控制组(参考例 3.4 的分析),也可以使用 SPSS 中的"图形""图标构建程序"绘制其"箱图"(参考图 3.40 中的方法,但需要在左下角的"选择范围"中选择"箱图",并将"简单箱图"拖入右上方的空白处),看出其趋势,结果如图 3.54 所示:

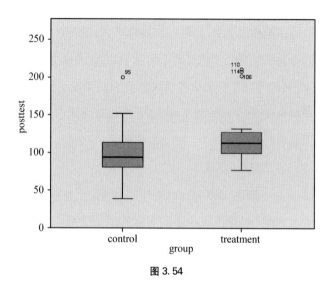

图 3.54

从图 3.54 中我们看到,当"group"从 0 变为 1 时,"posttest"的分数也有所提高,用相关分析的术语讲就是这两个变量呈现出正相关的趋势,根据第 1 章中介绍的相关系数的原理,这种趋势应该可以通过 Pearson 相关系数的计算公式得到体现。同时,由于这是一个随机实验,因此我们可以认为 Group 变量的变化(从 0 到 1)导致了"posttest"变量的变化,是其变化的直接原因,所以这时的相关关系就可以直接解释为因果效应。

通过选取"分析""相关"中的"双变量"对"group"和"posttest"变量的相关性进行分析(参考图 3.50),结果如图 3.55 所示。

相关性

		posttest	group
posttest	Pearson 相关性	1	$.332^{**}$
	显著性(双侧)		.000
	N	114	114
group	Pearson 相关性	$.332^{**}$	1
	显著性(双侧)	.000	
	N	114	114

**.在 .01 水平(双侧)上显著相关。

图 3.55

从图 3.55 知道"group"和"posttest"的相关系数为 0.332,因此实验中采取的措施,即老师的期望,能够解释成绩中的约 $(0.332)^2 \times 100\% = 11.0\%$ 的变化。

决定系数刻画了名义变量"group"与连续变量"posttest"的相关强弱,在例 3.4 的随机试验背景下,该决定系数可直接作为老师期望对学生智商所产生"干预"效果的效应量估计,这与第 1 章中介绍的效应量有所差异。图 3.55 所示的相关分析是二分变量与连续变量之间的相关,它有一个专门的名称叫做点二列相关(point-biserial correlation);还有一种与点二列相关很相似的相关叫做二列相关(biserial correlation),读者可参考一些相关的书籍,这里不再介绍。

点二列相关与 t 检验有着内在的联系,还是以例 3.4 的数据为例,从图 3.55 的结果中我们计算得到"group"变量与"posttest"变量的决定系数为 0.110,这个结果是通过计算 Pearson 相关系数得到的。它也可不通过计算相关系数计算,而通过图 3.9 中的 t 统计量和自由度 df 两个数值计算得到,如下:

$$
\begin{aligned}
r^2 &= \frac{t^2}{t^2 + df} \\
&= \frac{(-3.327)^2}{(-3.327)^2 + 112} \\
&= 0.110
\end{aligned}
\tag{3.12}
$$

这个结果与前面通过相关系数得到的结果完全相同。同样,对于例 3.6 中的被试间实验设计得到的数据(见文件 spiderBG. sav),我们也可以计算变量 Group 和 Anxiety 之间的点二阶相关系数,结果如图 3.56 所示:

因此其决定系数为 $(0.337)^2 = 0.114$,根据图 3.14 中计算得到的 T 统计量和自由度 df 两个数值,结合式(3.12)可计算得到效应量,如下:

相关性

		Group	Anxiety
Group	Pearson 相关性	1	.337
	显著性（双侧）		.107
	N	24	24
Anxiety	Pearson 相关性	.337	1
	显著性（双侧）	.107	
	N	24	24

图 3.56

$$r^2 = \frac{t^2}{t^2 + df}$$

$$= \frac{(-1.681)^2}{(-1.681)^2 + 22}$$

$$= 0.114$$

这个结果与点二列相关系数计算得到的决定系数完全相同。读者利用例 3.5 中的数据验证，点二列相关对应的决定系数为 0.865，而由独立样本 t 检验结果得到的效应量也为 0.865，因此它同样满足该关系。尽管例 3.5 不是随机实验，与例 3.4 和例 3.6 在研究设计上存在差异，无法确切地得出变量之间的因果关系，但是这三个例子所得到的数据在形式上是一致的，因此在这里例 3.5 与例 3.4 和例 3.6 得到的数据满足同样的关系是正常的。例 3.4 和例 3.6 中都是随机实验，其效应大小也可以通过类似例 3.3 的方法进行估计，得到效应量的具体值（一些教科书称之为 Cohen's d，即科恩 d），但计算方法有些微的差异，这里不再详细介绍。一般地，当研究假设得到数据的支持时，除了需要报告由研究数据计算得到的统计量和对应的 p 值，还需要报告效应量的大小，因为只要增大样本量，原假设总有可能被拒绝，此时如果效应量太小，研究结果也可能缺乏实用价值。

尽管相关关系并不意味着因果，但是因果效应却往往体现为相关。

因此,当我们观察到变量之间的较强的相关时,往往会将其视为因果关系的信号。一些时候,我们观察到的相关确实是变量之间内在因果关系的体现,另外一些时候则不是,这需要结合常识、理论和数据进行分析和判断,筛除那些不可能的情况,一步步接近真相。图 3.39 中给出的胆固醇水平与运动的例子就是这样的情况。该例子中,观察到的胆固醇水平与运动的正相关关系违背了医学理论,也违背了我们的常识,因此我们有理由怀疑它们之间的相关关系是由另外一个变量年龄引起,如图 3.57所示。年龄与运动量正相关,也与胆固醇水平正相关,即年龄越高的人群中运动量越大,胆固醇水平也越高,因此我们就观察到了运动越多的人与胆固醇水平越高这样违背理论和常识的相关关系。如果我们将视线聚焦到某个年龄群体,然后再计算这个年龄群体里面的运动量与胆固醇水平的相关系数,那么我们很有可能观察到运动量与胆固醇水平是负相关的,如图 3.57 所示。当然,在我们手头只有运动量与胆固醇水平的数据时,我们是无法确证我们这一推测的,因此为了验证这一猜测,我们还需要收集这些人的年龄,然后计算每个特定年龄阶段的人运动量与胆固醇水平的相关系数,以验证以上猜测。

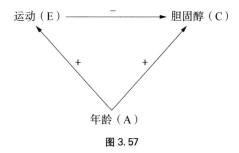

图 3.57

假如我们获得了样本中这三个变量的数据(见文件 age-exercise-cholesterol. sav),我们就可以利用统计软件以及学过的相关分析尝试去解释这些数据的产生过程。首先,我们在 SPSS 中打开数据文件 age-exercise-cholesterol. sav,分析"Age""Exercise"和"Cholesterol"三个变量之间的相关关系,结果如图 3.58 所示:

相关性

		Age	Exercise	Cholesterol
Age	Pearson 相关性	1	.970**	.962**
	显著性（双侧）		.000	.000
	N	110000	110000	110000
Exercise	Pearson 相关性	.970**	1	.873**
	显著性（双侧）	.000		.000
	N	110000	110000	110000
Cholesterol	Pearson 相关性	.962**	.873**	1
	显著性（双侧）	.000	.000	
	N	110000	110000	110000

**. 在 .01 水平（双侧）上显著相关。

图 3.58

图 3.58 的结果表明：年龄、运动与胆固醇水平三者均为正相关,年龄与运动之间相关系数为 0.97,与胆固醇水平之间的相关系数为 0.962,而运动与胆固醇水平之间的相关系数为 0.873。这时,根据前面的分析,我们尝试计算每个年龄组内的运动与胆固醇水平之间的相关系数,目的是看看控制住年龄这一因素之后运动与胆固醇水平之间的是否还是正相关。使用 SPSS 中的"数据""拆分文件"功能（参考图 1.12）,在图 1.12 中的对话框中将"Age"变量选进"分组方式"列表中,然后回到"分析""相关"的"双变量"对话框中计算"Exercise"与"Cholesterol"之间的相关系数,结果如图 3.59 所示（为了节省版面,这里省略了一些年龄阶段的相关系数）。

显然,运动和胆固醇水平在每个年龄阶段内均呈现明显的负相关,相关系数在 -0.88 左右。这说明在控制住年龄这个变量之后,运动与胆固醇水平呈现负相关,也说明最开始在图 3.58 中观察到的运动量与胆固醇水平之间的正相关多半是由年龄这个因素引起,这比较符合我们已有的认知。有了这样的一个结果,我们今后在分析运动与胆固醇的关系时

Age = 10

相关性[a]

		Exercise	Cholesterol
Exercise	Pearson 相关性	1	-.885**
	显著性（双侧）		.000
	N	10000	10000
Cholesterol	Pearson 相关性	-.885**	1
	显著性（双侧）	.000	
	N	10000	10000

**.在 .01 水平（双侧）上显著相关。
a. Age = 10

(a)

Age = 55

相关性[a]

		Exercise	Cholesterol
Exercise	Pearson 相关性	1	-.888**
	显著性（双侧）		.000
	N	10000	10000
Cholesterol	Pearson 相关性	-.888**	1
	显著性（双侧）	.000	
	N	10000	10000

**.在 .01 水平（双侧）上显著相关。
a. Age = 55

(b)

相关性[a]

		Exercise	Cholesterol
Exercise	Pearson 相关性	1	-.886**
	显著性（双侧）		.000
	N	10000	10000
Cholesterol	Pearson 相关性	-.886**	1
	显著性（双侧）	.000	
	N	10000	10000

**.在 .01 水平（双侧）上显著相关。
a. Age = 15

(c)

相关性[a]

		Exercise	Cholesterol
Exercise	Pearson 相关性	1	-.889**
	显著性（双侧）		.000
	N	10000	10000
Cholesterol	Pearson 相关性	-.889**	1
	显著性（双侧）	.000	
	N	10000	10000

**.在 .01 水平（双侧）上显著相关。
a. Age = 60

(d)

图 3.59

就需要考虑年龄的因素。

需要指出，这个例子所使用的数据并非真实的研究数据，而是本书作者通过统计软件模拟得到。现实世界中年龄、运动量和胆固醇水平之间的可能存在本例中所描述的逻辑关系，即年龄导致了运动量与胆固醇水平的相关，但由于时间所限，作者没有更深入地调查三者之间的实际关系，并在此基础上尽量通过仿真、逼近实际情况，因此这三个变量之间实际上可能没有这么强的相关性。之所以采用模拟数据，是因为实际的观察数据样本量一般较小，有时候一旦控制某个变量，其他变量会没有数据，导致我们通过具体算例去理解统计方法变得不直观，妨碍学习统计和理解统计。通过模拟数据可以保证足够大的样本，且能让这些样本按照假设均匀分布。比如本例中，通过模拟我们就可以保证每个年龄阶段都有 10 000 个样本，且这些样本均有运动量和胆固醇水平的数据，均服从正态分布，从而可以计算每个阶段的相关系数，方便演示统计原理。

细心的读者已经注意到，图 3.59 给出的结果中，每个年龄阶段运动量与胆固醇水平之间的相关系数虽然非常相近,但并不完全相同。如果这时我们写报告,告诉别人我们的分析结果,我们需要写 11 个不同年龄阶段的相关系数才足以描述我们的发现,比较冗长。当然,聪明的读者可能马上会想到将这 11 个相关系数求一个平均值,比如求出来的结果是 -0.887[1],然后只报告这个平均值就可以了,说"控制年龄的条件下,运动量与胆固醇水平的相关系数为 -0.887"。这样的直觉固然合理,但是是否可行还需要更细致的思考。统计学家证明,不用分别计算各个年龄阶段相关系数然后求其平均,这样的一个"平均相关系数"可以使用下面的式(3.13)一次性直接进行计算:

$$r_{XY.Z} = \frac{r_{XY} - r_{XZ}r_{YZ}}{\sqrt{(1 - r_{XZ}^2)(1 - r_{YZ}^2)}} \tag{3.13}$$

其中:X、Y、Z 分别表示不同的变量,$r_{XY.Z}$ 表示在给定(控制)变量 Z 各个取值的条件下,分别计算 X、Y 的相关系数,然后对这些相关系数求平均得到的"平均相关系数",它有一个专用的名称叫"偏相关系数(partial correlation coefficient)",而这种方法叫做偏相关。r_{XY},r_{XZ} 和 r_{YZ} 分别表示 X 与 Y、X 与 Z 以及 Y 与 Z 之间的相关系数。本例中我们要计算控制变量"Age"条件下"Exercise"与"Cholesterol"之间的偏相关系数,将图 3.58 中的结果代入式(3.13)得到[2]:

$$r_{ExerciseCholesterol.Age} = \frac{r_{ExerciseCholesterol} - r_{ExerciseAge}r_{CholesterolAge}}{\sqrt{(1 - r_{ExerciseAge}^2)(1 - r_{CholesterolAge}^2)}}$$

$$= \frac{0.8728 - 0.9795 \times 0.9617}{\sqrt{(1 - 0.9795^2)(1 - 0.9617^2)}}$$

$$= -0.8866874$$

$$\approx -0.887$$

---

① 由于 SPSS 中的结果精度不够,这里为了保证不同方法计算结果的一致性,我们使用了 R 中计算得到的更精确的结果,保留小数点后 4 位,避免因计算误差导致的结果差异。
② 同①。

结果与直接使用各个年龄阶段所得相关系数求平均是一致的。实际应用中，SPSS 中的"分析""相关"中的"偏相关"子菜单提供了与式(3.13)一致的偏相关计算功能。如图 3.60 所示，将"Age"变量选入"控制"列表，将"Exercise"与"Cholesterol"变量选入"变量"列表，然后单击确定，在输出窗口即可得到控制年龄条件下"Exercise"与"Cholesterol"的偏相关系数，如图 3.61 所示。

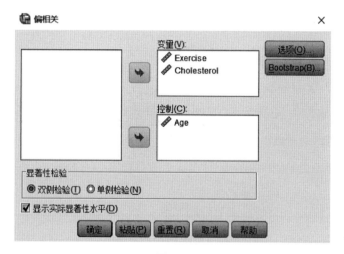

图 3.60

相关性

控制变量			Exercise	Cholesterol
Age	Exercise	相关性	1.000	-.887
		显著性（双侧）	.	.000
		df	0	109997
	Cholesterol	相关性	-.887	1.000
		显著性（双侧）	.000	.
		df	109997	0

图 3.61

从图 3.61 所示的输出结果中,可以看到控制年龄条件下"Exercise"与"Cholesterol"的偏相关系数为−0.887,与公式(3.13)所示的方法计算结果是一致的,同时该结果还给出了 p 值,接近于 0,但显示为 0,因此在0.05 的显著性水平上该相关关系也是显著的。这个例子说明,即使两个变量之间存在负相关关系,也有可能因为第三个变量的作用出现正相关关系。自然,也有可能出现这样的情况:两个变量本来没有关系,但是由于第三个变量的共同作用,两者之间出现相关性;或者,两个变量之间本来存在相关性,但由于第三个变量的共同作用,两者之间的相关性更强了。下面我们再看两个例子。

例 3.12 Frederick J Gravetter 和 Larry B. Wallnau(2013)构造了一个"虚假相关"(spurious correlation,也叫伪相关)的例子。该例收集了不同城市里面的教堂数和犯罪数,数据见文件"Crime-Church. sav. ",计算犯罪数与教堂数之间的相关性发现两者之间显著相关,系数为 0.923,如图 3.62

相关性

控制变量			Church Number	CrimeNumber	Population
-无-[a]	ChurchNumber	相关性	1.000	.923	.961
		显著性（双侧）	.	.000	.000
		df	0	13	13
	CrimeNumber	相关性	.923	1.000	.961
		显著性（双侧）	.000	.	.000
		df	13	0	13
	Population	相关性	.961	.961	1.000
		显著性（双侧）	.000	.000	.
		df	13	13	0
Population	ChurchNumber	相关性	1.000	.000	
		显著性（双侧）	.	1.000	
		df	0	12	
	CrimeNumber	相关性	.000	1.000	
		显著性（双侧）	1.000	.	
		df	12	0	

a. 单元格包含零阶 (Pearson) 相关。

图 3.62

所示。但如果控制了每个城市的人口数，那么教堂数和犯罪数之间的相关系数变为 0，即不相关，如图 3.62 所示。这说明教堂数和犯罪数之间的相关很可能是由于人口这个变量引起的，假如每单位人口中的教堂数是相对稳定的，单位人口中的犯罪率也保持相对固定，那么当人口增加时教堂数和犯罪率将同时随着人口增加而增加，我们就观察到了教堂与人口正相关的现象。

图 3.62 中同时给出了无控制变量的相关系数和控制年龄后教堂数和犯罪数的相关系数，这是因为在使用图 3.60 所示的对话框进行偏相关分析时，同时点击了"选项"，并在弹出对话框当中勾选了"零阶相关系数"选项，如图 3.63 所示。

图 3.63

不控制其他变量直接计算所有变量两两之间的相关性所得的相关系数也叫做零阶相关系数，在计算偏相关系数时，在图 3.63 所示的对话框中勾选"零阶相关系数"就能在计算"偏相关"系数时，同时给出没有控制任何变量时变量两两之间的相关系数，即零阶相关系数，因此图 3.62 中特别在最下一行注明了"a. 单元格包含零阶（Pearson）相关"，意指该结果中的上半部分为变量之间的零阶相关系数，这可通过该表格在"控制变量"对应的地方为"-无-"看出。而下半部分为"一阶(Pearson)偏相关系数",即控制变量为"Population"时变量"CrimeNumber"与变量"ChurchNumber"之间的偏相关系数,之所以该偏相关系数叫"一阶偏相关系数",是因为只控制了一个变量"Population",这可通过该表格在"控制变量"对应的地方为"Population"看出。自然,如果在控制两个变量的基础上计算剩下变量的两两相关性就可得到"二阶偏相关系数",以此类推,还可以有"三阶偏相关系数""四阶偏相关系数"等等。下面我们看一个二阶偏相关系数的例子。

例 3.13 学生的成绩(GPA)由多个方面的因素决定,诸如学生的智商(IQ)、家庭的社会经济状况(Social-Economic Status,SES)、成就动机(Achievement Motivation,AM)等等。为了研究这些变量之间的关系,该研究人员从某地区随机选取了 300 个学生,并获得了这些学生的成绩、智商、家庭的社会经济状况、成就动机数据,见文件 SES_AM_GPA. sav。他首先分析了这四个变量之间的相关性,结果如图 3.64 所示:

相关性

		SES	IQ	AM	GPA
SES	Pearson 相关性	1	.303**	.410**	.328**
	显著性（双侧）		.000	.000	.000
	N	300	300	300	300
IQ	Pearson 相关性	.303**	1	.161**	.570**
	显著性（双侧）	.000		.005	.000
	N	300	300	300	300
AM	Pearson 相关性	.410**	.161**	1	.497**
	显著性（双侧）	.000	.005		.000
	N	300	300	300	300
GPA	Pearson 相关性	.328**	.570**	.497**	1
	显著性（双侧）	.000	.000	.000	
	N	300	300	300	300

**. 在 .01 水平（双侧）上显著相关。

图 3.64

该研究者通过查阅相关文献,发现 SES 可能通过影响"AM"和"IQ"进而影响 GPA,因此他同时控制"AM"和"IQ",然后计算 SES 与 GPA 的二阶偏相关系数,预期该二阶偏相关系数不显著。通过在偏相关的控制变量中加入"AM"和"IQ"两个变量(参考图 3.60),得到 SES 与 GPA 之间的二阶偏相关系数结果如图 3.65 所示:

相关性

控制变量			GPA	SES
AM & IQ	GPA	相关性	1.000	.009
		显著性(双侧)	.	.877
		df	0	296
	SES	相关性	.009	1.000
		显著性(双侧)	.877	.
		df	296	0

图 3.65

图 3.65 中的结果说明,控制"AM"和"IQ"两个变量后,SES 与 GPA 之间的二阶偏相关系数已经不显著。

| 参考文献 |

1. 陈希孺. 概率论与数理统计[M]. 合肥：中国科学技术大学出版社，2017.

2. 吴喜之. 统计学：从数据到结论[M]. 北京：中国统计出版社，2013.

3. 邓维斌，等. SPSS 19（中文版）统计分析实用教程[M]. 北京：电子工业出版社，2012.

4. 王孝玲. 教育统计学[M]. 上海：华东师范大学出版社，2015.

5. Karen A. Randolph，Laura L. Myers. Basic Statistics in Multivariate Analysis[M]. Oxford New York：Oxford University Press，C2013.

6. William Mendenhall，Terry Sincich. 统计学[M]. 梁冯珍，关静，等，译. 北京：机械工业出版社，2018.

7. Andy Field. Discovering Statistics Using IBM SPSS Statistics[M]. London：SAGE Publications Ltd，2013.

8. Arthur M. Glenberg，Matthew E. Andrzejewski. Learning from data：An Introduction to Statistical Reasoning[M]. London；New York：Routledge，2007.

9. 弗雷德里克·J·格拉维特，罗妮安·B·佛泽诺. 行为科学研究方法[M]. 邓铸，主译. 上海：上海教育出版社，2020.

10. Rand R. Wilcox. Basic Statistics：Understanding Conventional Methods and Modern Insights[M]. Oxford New York：Oxford University Press，2009.

11. Jacob Cohen，Patricia Cohen，Stephen G. West and Leona S. Aiken. Applied Multiple Regression/Correlation Analysis for the Behavioral Sciences [M]. London；New York：Routledge，2013.

12. Michael H. Kutner，Christopher J. Nachtsheim，John Neter and William